Die Kabbalah

פרדס

Wege zurück ins Paradies

Band I

Giovanni Grippo

Die Kabbalah

Wege zurück ins Paradies

GIOVANNI GRIPPO VERLAG

Giovanni Grippo Verlag, Postfach 61 54, 61422 Oberursel (Taunus)
Covergestaltung durch ZeBARRA®, Hamburg
Druck und Herstellung durch Gemi s.r.o, Prag
Verlags-Nr. 5228950 im Börsenverein des deutschen Buchhandels e.V.

3. Auflage

ISBN 978-3-9810622-0-5

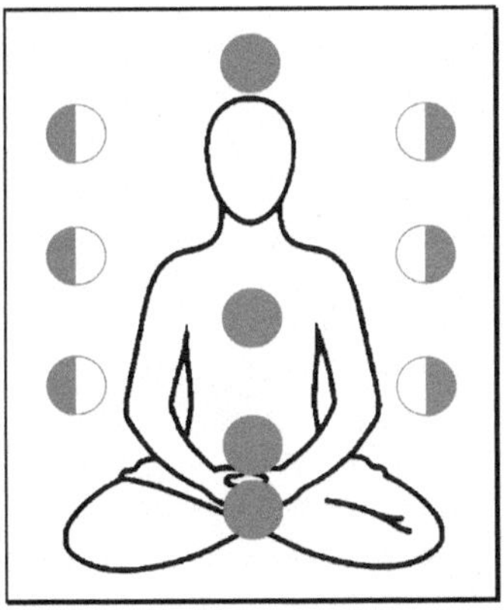

Inhalt

Prolog

Liebe Leser,

mit dieser Arbeit möchte ich Ihnen verdeutlichen, was die Kabbalah ist. Manche von Ihnen haben vielleicht dieses Wort schon einmal gelesen und andere können womöglich damit nichts anfangen.
Die Kabbalah ist eine mystische Tradition des Judentums. Die Bezeichnung **Kabbalah** leitet sich vom hebräischen Wortstamm für *Überlieferung* oder *Weitergabe* ab und als Verb kann er auch *offenbart* oder *empfangen* bedeuten. Heute wird das Wort im modernen Iwrith, also im Sprachgebrauch des heutigen Israels, im Sinne von *Empfang* oder *Quittung* benutzt. Die Wurzeln der Kabbalah finden sich zwar in der Tora, aber viele Einflüsse sind weitaus früher den Rabbinern **offenbart** worden! Die Tora ist die Heilige Schrift des Judentums. In Jahrhunderte langer mündlicher **Überlieferung** und **Weitergabe** wurden einige verschiedene Einflüsse in die Tradition des Judentums und dadurch in die Kabbalah-Überlieferungen eingebettet. Es entstanden dadurch neue Ideen und Sichtweisen, die von diesen Einflüssen **empfangen** wurden. Größte nachvollziehbare Einflüsse sind die Alchemie, der Gnostizismus, der Neuplatonismus und die christliche Mystik. Auf diese **Einflüsse** werden wir im dritten Band (*Die Kabbalah – Die Vereinigung vieler Philosophien*) genauer zu sprechen kommen.
Die Lehrart, die ich als moderner Kabbalist praktiziere, heißt **לב כספי** (Lew Kaspi ausgesprochen), was **silbernes Herz**[1] bedeutet. Sie bezieht sich auf die

---

[1] Der Grund, warum diese Lehrart **silbernes Herz** oder לב כספי heißt, liegt an der Verbindung von Psalter 12,6 und Sprüche 17,3.

ersten Ursprünge der Kabbalah und trennt sich radikal von der Alchemie ab. Bereits im Mittelalter wurden die beiden Begriffe (Kabbalah und Alchemie) als Synonyme benutzt. Die Aufgabe der Kabbalah und in Folge dessen der Lew Kaspi Lehrart ist die Bewahrung des Paradieses (Garten Eden) in einem selbst. Die Aufgabe der Kabbalah ist es, den ursprünglichen paradiesischen Urzustand erst in einem selbst und dann durch das Verhalten eines Kabbalisten in der Welt wiederherzustellen, denn folgendes gilt:

Warum ist der Mensch als einzelnes Individuum und nicht wie die Tiere gruppenweise und nach Gattungen geschaffen worden? – Daraus folgt die Lehre: Wer ein einziges Menschenleben zerstört, hat gleichsam die ganze Welt zerstört, und wer einen einzelnen Menschen rettet, hat gleichsam die ganze Welt gerettet. [2]

Eine sich durch die Jahrhunderte erhaltende Legende besagt zum Beispiel, dass die Überlieferungen von **Abraham** (2018-1843 v.u.Z.) herstammen. Abraham gilt als der Stammvater der Juden, Christen und Moslems.
Die Kabbalah ist eine mystische Lehre, die weniger gelernt werden kann als vielmehr erfahren werden möchte. Dennoch ist ein großer Teil ihrer Weitergabe an den Schüler Theorie. So ist diese vorliegende empirische[3] Arbeit nur ein Versuch, Ihnen meine Erfahrungen auf einem klaren Weg näher zu bringen. Sie (die Kabbalah) ist keine alltägliche Sicht von etwas, sondern eine innere Einstellung – eine Lebenshaltung. Der Kabbalah und ihren Anhängern geht es um die direkte Beziehung des Individuums zu Gott und die Weiterentwicklung der eigenen, individuellen Seele. Der Kabbalah geht es also um die innere Praxis (**Disziplin**) und um die Umsetzung der Praxis in der realen Welt (**Respekt**). Theorie, innere und äußere Praxis sind die Wege eines Bale Ha-Kabbalah (**בעל הקבלה** - Meister der Kabbalah). Sie werden einen Bewährten aus uns machen:

Rabbi Chija, Abbas Sohn, sagte, Rabbi Jochanan habe gesagt: Sogar um eines einzigen Bewährten willen wurde die Welt erhalten, denn es heißt[4]*: Ein Bewährter ist das Fundament der Welt.* [5]

Diese Arbeit umfasst drei eigenständige Bände, die als Säulen bezeichnet werden. **Die erste Säule** (also dieses Buch) widmet sich dem Hebräischen Alphabet, dem Judentum, den drei wichtigsten Büchern des Judentums und

---

[2] Zitat aus dem Babylonischen Talmud: Sanhedrin 27
[3] Empirismus ist die Lehre, die die Erfahrung als Erkenntnisquelle zugrunde legt.
[4] Zitat aus der Luther-Bibel: Sprüche 10,25
[5] Zitat aus dem Babylonischen Talmud: Joma 38 b – 80

insbesondere Abraham und seiner Funktion als perfektes Vorbild für die Gesellschaft. Henoch, der unsterbliche Prophet und seine drei Bücher und die Umstände, die zur Entstehung der Kabbalah führten, werden aus einem geschichtlichen Blickwinkel erläutert. **Die zweite Säule** ist eine Abhandlung über das *Buch der Schöpfung* (Sepher Jesirah). Ein Werk, das aus der Zeit Abrahams stammen soll. Erheblichen Einfluss nimmt das Buch der Schöpfung mit der Lehre über die zehn Welten (Sephiroth[6]) auf die kabbalistische Tradition. Die sich daraus ergebenden Spekulationen über die zehn Zahlen und die 22 hebräischen Buchstaben und deren dreigliedrige Struktur haben ebenfalls größten Einfluss im Judentum und darüber hinaus in anderen mystischen Traditionen und Philosophien bewirkt. Das Buch der Schöpfung ist der direkteste Weg zur Kabbalah! **Die dritte Säule** zeigt Verbindungen der Kabbalah mit anderen Einflüssen, mystischen Traditionen und Philosophien des Abendlandes und des Ostens (z.B. Buddhismus), auf. Die tägliche Praxis wird aufgrund dieser Einflüsse dargestellt. Die Themen der dritten Säule werden dem Sammelbegriff **פירוש** (perusch ausgesprochen) untergeordnet. Dieser Begriff *perusch* bedeutet *Erklärung*. Die unterschiedlichen mystischen Traditionen und Philosophien sollen als Erklärung zur Kabbalah dienen.
Als ersten Leitgedanken für das weitere Lesen meiner Arbeit möchte ich folgendes Zitat erwähnen, das ein solcher schöner Ausdruck für die Arbeit ist, die ein Kabbalist verrichtet, nämlich die **Arbeit an sich selbst**:

Ein Kabbalist ist ohne Zweifel ein Mensch, den man nur schwerlich versteht, der jedoch versucht, sich selbst besser zu verstehen. [7]

Die Kabbalah wird empfangen und ist keine Mission, die jedem aufgezwungen wird, sondern durch das Verhalten eines Kabbalisten zeigt sich in der realen Welt, dass das - was offenbart wird - auch richtig verstanden wurde. Wer beispielsweise das Buch der Schöpfung (Sepher Jesirah) richtig verstanden hat, der kann gottähnliche Wunder wirken. Das Buch der Schöpfung gilt als Beweis, die Kabbalah richtig verstanden zu haben.
Bei den zeitlichen Angaben der biblischen Figuren, wie zum Beispiel Abraham, Moses, Josia, Jeremia u.v.m. ist in der gegenwärtigen wissenschaftlichen und theologischen Literatur keine einheitliche Lehrmeinung zu finden. Für diese Arbeit wurden zeitliche Angaben aus der Tora unter Bezugnahme der jüdischen Zeitrechnung abgeleitet. Auch wurden die gängigen Zeitangaben,

---

[6] Sephiroth ist die Bezeichnung der zehn Emanationen, die zusammen den Baum des Lebens bilden. Sie sind auch Symbol für das Wirken Gottes in der Welt.
[7] Zitat: Les Temps des Kabbalistes, A.D. Grad, Poetische Texte1, iphpbb - Archivbeitrag des Forums Oase des Friedens (www.iphpbb.com)

wie *nach Christus* und *vor Christus* aus dieser Arbeit verbannt; einerseits um zu unterstreichen, dass keiner religiösen Richtung Präferenz gegeben wurde, andererseits um die Zeitlosigkeit der Kabbalah zu verdeutlichen. Die zeitlichen Angaben wurden durch *vor unserer Zeitrechnung* anstatt *vor Christus* oder *vor Christi Geburt* und *nach unserer Zeitrechnung*, was *gemäß* unserer Zeitrechnung bedeutet, ersetzt. Sie werden als Abkürzungen **v.u.Z.** und **n.u.Z.** im folgenden Text verwendet. Klarzustellen ist, dass die biblischen Figuren als reale Teilnehmer der Geschichte des Volkes Israel wahrgenommen werden müssen; d.h. dass sie für diese Arbeit als reale Personen anzusehen sind. Nicht nur in der Theologie, sondern auch in der Archäologie und in der Altertumswissenschaft ist diese Annahme bis heute ungeklärt geblieben und umstritten.

Die Erlangung der gleichwertigen Anerkennung der Kabbalah im Judentum und auch in christlichen Kreisen ist ein schwieriges Unterfangen. Dies vermag auch das steigende Interesse an kabbalistischen Themen nicht zu ändern. Eine sture Haltung des Judentums gegenüber dem Christentum und dem Islam hat zur Folge, dass die beiden anderen Abrahamitischen Religionen eine gleiche sture Haltung einnehmen. Als Abrahamitische Religionen werden das Judentum, das Christentum und der Islam bezeichnet, weil Abraham der Stammvater drei Weltreligionen ist. Diese mystische Lehre, die lange Zeit nur im Geheimen praktiziert werden konnte, könnte viel zur Versöhnung des Judentums, des Christentums und des Islams beitragen.

In Deutschland hat sich in den letzten zehn Jahren einiges auf dem Deutschen Literaturmarkt zum Thema **Kabbalah** ereignet. Noch im letzten Jahrhundert gab es wenig Literatur zu diesem Thema und zu angrenzenden Themen; führend sind USA und Israel. Wenn im Verzeichnis lieferbarer Bücher der Zeitraum 1980 – 1999 eingegeben wird, mit den Schlagwörtern zur *Kabbalah* und ihren unterschiedlichen Schreibweisen, so zeigt das Suchergebnis, dass in 19 Jahren 26 Neuerscheinungen erschienen sind. Gibt man nun den Zeitraum 2000 – 2010 an, so zeigt das Suchergebnis, dass 190 Neuerscheinungen in nur sieben Jahren erschienen sind. Diese Arbeit soll auch als Aufklärung zu dem tendenziell steigenden Angebot der Literatur zur Kabbalah dienen. Die verwirrende Informationsfülle rechtfertigt diese Arbeit umso mehr.

Oberursel, den 16. November 2012

Giovanni Grippo

Einleitung zur Säule Alef

Wer sich mit der Kabbalah beschäftigt, der hat einen langwierigen Weg vor sich. Auch wenn man zu Beginn des Weges orientierungslos vor einer Fülle von Informationen steht, so gibt es eine Methodik, mit dieser Fülle umzugehen. Doch zeigt sich die Methodik in der Kabbalah zuletzt. Ihr Weg ist ein Weg der Liebe und es ist ein demütiger und ein barmherziger Weg ... also ein zu praktizierender Weg.

Es ist dir gesagt, Mensch, was gut ist und was der Herr von dir fordert, nämlich Gottes Wort halten und Liebe üben und demütig sein vor deinem Gott. [8]

An erster Stelle steht die Liebe, die Liebe zu etwas Höherem, die Liebe zu den Menschen und die Liebe zu sich selbst. Wer sich selbst nicht liebt, kann andere Menschen auch nicht lieben; wer aber andere Menschen liebt, der liebt auch Gott. Wer nicht glaubt, dass es etwas Größeres als die eigene Person gibt, kann auch nicht mit kabbalistischen Lehrinhalten arbeiten. Was aber wiederum nicht bedeutet, dass man ohne ein Höheres nicht zur **Wahrheit** gelangen kann. Die Kabbalah ist nicht der einzige Weg. Sie kann sich aber ohne ein Höheres nicht mitteilen. Ihre Lehrinhalte können dann nicht greifen ...
Blaise Pascal, ein französischer Mathematiker, Physiker, Literat und Philosoph (1623-1662 n.u.Z.) hat eine These aufgestellt, dass es stets eine bessere **Wette** sei, an Gott zu glauben, weil dann die Gewinnchancen besser wären.
Das Argument der Wette für den Glauben an Gott anstatt des Unglaubens richtete sich an Menschen, die durch theologische Argumente und traditionelle **Gottesbeweise** nicht zu überzeugen waren. Ein Thema, das heute genauso brisant ist, wie es zu seiner Zeit war.

Angenommen es sei sicher, dass es Gott gibt oder ihn nicht gibt, und dass es keinen Mittelweg gibt. Für welche Seite werden wir uns entscheiden? ... Lassen Sie uns ein Spiel spielen, bei dem es zu einer Entscheidung für „Kopf oder Zahl" kommt. Mit Vernunft können wir weder das eine noch das andere versichern und mit Vernunft können wir weder das eine noch das andere ausschließen. Verfallen Sie also nicht dem Irrtum anheim, dass hierbei eine richtige Wahl getroffen werden könne, denn Sie wissen nicht, ob Sie falsch liegen oder schlecht gewählt haben ... Sowohl wer sich für „Kopf" entscheidet, als auch wer sich für „Zahl" entscheidet, beide liegen falsch. Die Wahrheit kann nicht durch eine Wette entschieden werden, aber es muss gewettet werden. Es gibt keine Freiwilligkeit, Sie müssen sich darauf einlassen. Wenn Sie nicht wetten, dass es Gott gibt, müssen Sie wetten, dass es ihn nicht gibt. Wofür entscheiden Sie sich? Wägen wir den Verlust dafür ab, dass Sie sich

[8] Zitat aus der Luther-Bibel: Micha 6,8

dafür entschieden haben, dass es Gott gibt: Wenn Sie gewinnen, gewinnen Sie alles, wenn Sie verlieren, verlieren Sie nichts. Setzen Sie also ohne zu zögern darauf, dass es ihn gibt. [9]

Die **Pascalsche Wette** beruht also auf der optionalen Statistik, die folgende vier Möglichkeiten des Gewinn- oder Verlustergebnisses aufwirft:

- ❖ Glaubt man an Gott, und Gott existiert, so wird man wahrscheinlich belohnt werden.
- ❖ Glaubt man an Gott, und Gott existiert nicht, so wird man wahrscheinlich nichts verlieren.
- ❖ Glaubt man nicht an Gott, und Gott existiert nicht, so wird man wahrscheinlich auch nichts verlieren.
- ❖ Glaubt man nicht an Gott, und Gott existiert doch, so wird man wahrscheinlich bestraft werden!

Diese Wette ist eher eine humoristische und provokante Aufforderung, über den Vorteil des Glaubens an Gott und über den Nachteil des Unglaubens nachzudenken. Aber aufgrund ihrer Brisanz ist sie (die Pascalsche Wette) wert, Eingang in diese empirische Arbeit zu finden.

Wofür entscheiden Sie sich?

Glauben Sie nicht, dass es etwas Größeres als die eigne Person gibt, können Ihnen meine Bücher keinen Nutzen bringen. Aber entscheiden Sie sich für den Glauben an Gott, dann entscheiden Sie sich für die Kabbalah und können bestmöglich gewinnen. Die Kabbalah ist eine Anwendung in der Praxis. Sie wird erst recht dann nicht greifen, wenn sich ein Kabbalist zum Beispiel von der Welt zurückzieht, um sich ständig und einzig dem Studium zu widmen. Im Bibelbuch Daniel wird folgender Vorschlag gemacht, den sich jeder Kabbalist zu Herzen nehmen sollte:

Darum, mein König, laß dir meinen Rat gefallen und mache dich los und ledig von deinen Sünden durch Gerechtigkeit und von deiner Missetat durch Wohltat an den Armen, so wird es dir lange wohlergehen. [10]

Möchte man den Weg der Kabbalah gehen bzw. möchte man den Weg des Wohlergehens gehen, so muss man vor der Welt seine Sünden durch Gerechtigkeit und seine Missetaten durch Wohltätigkeit an den Mitmenschen vergüten. Es ist ein Handeln zum Besseren gewünscht!

---

[9] Zitat: Gedanken – Über die Religion und einige andere Themen von Blaise Pascal
[10] Zitat aus der Luther-Bibel: Daniel 4,24

Wie beginnt man das Studium der Kabbalah?

Mit der inneren und äußeren Einstellung beginnt das Studium der Kabbalah. Denn aus sieben Säulen besteht dieses Studium, weil geschrieben steht: *Die Weisheit baute ihr Haus und hieb sieben Säulen.*[11] Die innere und äußere Einstellung werden gemeinsam als die zweite Säule des Studiums bezeichnet! Der Glaube an Gott, an die Tora und an die zehn Gebote sind die erste Säule. Jeder Arbeitsvorgang sollte mit einem Gebet begonnen und beendet werden. Der Vorschlag, der am Häufigsten fällt, ist folgendes Gebet:

Höre Streiter für Gott: „Der Herr, unser Gott, ist ein einiger Herr. Und du sollst den Herrn, deinen Gott, liebhaben von ganzem Herzen, von ganzer Seele, von allem Vermögen. Und diese Worte, die ich dir heute gebiete, sollst du zu Herzen nehmen und sollst sie deinen Kindern einschärfen und davon reden, wenn du in deinem Hause sitzest oder auf dem Wege gehst, wenn du dich niederlegst oder aufstehst [...]" [12] Amen

Zudem ist es wichtig, bei der Berührung der Bücher in einem äußeren und inneren reinen Zustand zu sein. Damit ist auch die Reinheit des Körpers gemeint; z.B. das Waschen der Hände. Wer sich in einen Dialog mit **Gottes Wort** begibt, der soll gewaschen an seinen Arbeitsplatz gehen. Auch sollte man am Arbeitsplatz weder essen noch trinken, sondern sich seinem Studium widmen. Aber wenn man den Weg der Kabbalah bzw. den Weg des Wohlergehens gehen möchte, so muss man handeln; handeln zum Besseren. Es ist – wie zuvor gesagt – ein Handeln zum Besseren gewünscht und kein sinnloses Denken nach innen! Ein regelmäßiges Studium, aber kein fortdauerndes handlungsloses Nachsinnen. Denn es steht geschrieben:

Hüte dich, mein Sohn, vor andern mehr; denn viel Büchermachens ist kein Ende, und viel studieren macht den Leib müde. [13]

An erster Stelle steht das **Wort Gottes** - der Tanach. Der Tanach besteht aus der Tora (die Fünf Bücher Moses), den Prophetenbüchern (Nebim) und den Schriften (Chetubim). Daher auch der Name; **T** für Tora, **N** für Nebim und **Ch** für Chetubim - TaNaCh (**ת״נ״כ**). Die Kenntnis über die Bibel, wie sie das Judentum kennt, ist das Rüstwerkzeug eines traditionellen Kabbalisten. Die Tora ist Teil des Alten Testaments der christlichen Bibel, aber der Tanach (**תנכ** geschrieben) unterscheidet sich um wenige Bücher vom christlichen Alten

[11] Zitat aus der Luther-Bibel: Sprüche 9,1

[12] Zitat aus der Luther-Bibel: 5. Buch Moses 6,4-7

[13] Zitat aus der Luther-Bibel: Prediger 12,12

Testament. Die folgende Tabelle ist deshalb umso wichtiger, weil die Zitate, die für die kabbalistischen Erklärungsabfolgen genutzt werden, allein aus diesen 39 Büchern stammen und sich herleiten.

Pentateuch	Geschichte	Prophet	Weisheit
1. Buch Moses	Josua	Hosea	Psalter
2. Buch Moses	Richter	Joel	Hiob
3. Buch Moses	1. Samuel	Amos	Sprüche
4. Buch Moses	2. Samuel	Obadja	Ruth
5. Buch Moses	1. Könige	Jona	Hohelied
	2. Könige	Micha	Prediger
	Jesaja	Nahum	Klagelieder
	Jeremia	Habakuk	Esther
	Hesekiel	Zefania	Daniel
		Haggai	Esra
		Sacharja	Nehemia
		Maleachi	1. Chronik
		Maleachi	2. Chronik

Da es sehr viele unterschiedliche Übersetzungen der Bibel ins Deutsche gibt, sollte man sich eine Auswahl der unterschiedlichen Übersetzungen (Luther, Elberfelder, Schlachter u.a.) zulegen. Wir werden später sehen, dass die unterschiedlichen Übersetzungen hilfreich bei den Erklärungsabfolgen der alten kabbalistischen Literatur sind. Denn die hebräische Sprache ist auf viele verschiedene Arten interpretier- und übersetzbar.
Nach dem Wort Gottes kommen die *Zehn Worte* Gottes. Die zehn Worte sind die Zehn Gebote und deren praktische Befolgung im täglichen Leben.

1.	Ich bin der Herr, Dein Gott.
2.	Du sollst keine anderen Götter haben neben mir.
3.	Du sollst den Namen deines Gottes, nicht missbrauchen.
4.	Gedenke des Sabbattages, dass du ihn heiligest.
5.	Du sollst deinen Vater und deine Mutter ehren.
6.	Du sollst nicht töten.
7.	Du sollst nicht ehebrechen.
8.	Du sollst nicht stehlen.
9.	Du sollst nicht falsch Zeugnis reden wider deinen Nächsten.
10.	Du sollst nicht begehren ...

Die Praxis macht einen Kabbalisten aus! Die Zehn Gebote sind gleichbedeutend wie die Menschenrechtscharta und stehen über jegliche konfessionelle Bindung. Auch wenn sie in der Tora stehen, so sind sie es wert, von jedem (egal welcher Glaubensrichtung angehörig) befolgt zu werden. Die dritte Säule bildet, wie aus der Tabelle nun ersichtlich, das Hebräische Alphabet, das im nächsten Kapitel besprochen wird.

Nach dem Wort Gottes, den Zehn Geboten und dem Hebräischen Alphabet kommt eine Auswahl an Literatur, mit der sich ein Interessierter und dann ein Schüler der Kabbalah beschäftigen sollen. Denn viele Gedanken und Lösungen – auch für das praktische Leben – können sich aus dem Studium der folgenden Literatur ergeben.

Es wäre falsch, sich gleich zu Beginn mit dem Buch Sohar, der siebten und letzten Säule des Kabbalah-Studiums, zu befassen. Denn der Sohar, das heilige Buch der Kabbalah, ist pure kabbalistische Literatur, die eines Vorstudiums oder Lehrmeisters bedarf. Deshalb sollte man im Eigenstudium nach dem Tanach, den man sehr gut kennen sollte, mit dem Buch der Schöpfung beginnen. Dieses Buch gilt als die vierte Säule des Studiums (und ein Kabbalist sollte es auswendig können). Im zweiten Buch dieser Reihe, namens *Die Kabbalah – Die Schöpfung neuer Sichtweisen*, wird detailliert die Geschichte und Aufgabe des Buches der Schöpfung, das auch Sepher Jezira genannt wird, erörtert werden.

Die sechste Säule des Kabbalah-Studiums ist das Buch Bahir. Dieses Buch ist aus dem Jahre 1176 n.u.Z. und greift die Idee der Wiedergeburt aus der Antike des Abendlandes wieder auf. Das Buch der Schöpfung und das Buch Bahir können auf **http:/ / www.grippo-verlag.de/ shop/ shop_content.php?coID=77** herunter geladen werden.

Um die jüdische Kultur verstehen zu lernen, die eine tragende Basis der Zwiegespräche zwischen Meistern und ihren Schülern ist, sollte der Babylonische und der Jerusalemer Talmud studiert werden. Gemeinsam bilden sie die fünfte Säule des Kabbalah-Studiums.

Die erste Säule	Wort Gottes	Zehn Gebote
Die zweite Säule	Die innere Einstellung	Die äußere Einstellung
Die dritte Säule	Das Hebräische Alphabet	Zahlenwerte der Buchstaben
Die vierte Säule	Das Buch Jesirah	Aufteilung der Buchstaben
Die fünfte Säule	Babylonischer Talmud	Jerusalemer Talmud
Die sechste Säule	Das Buch Bahir	
die siebte Säule	Das Buch Sohar	

Das Resümee lautet, dass man mit dem Studium der Tora und mit der praktischen Umsetzung der Zehn Gebote beginnt. Die innere und äußere

Einstellung ist aber genauso wichtig, denn dies verlangt einem Schüler Disziplin und Respekt ab. Um später den Diskussionen über das Hebräische Alphabet und seinen Buchstaben folgen zu können, ist es wichtig, dass man die Buchstaben und die Zahlenwerte auswendig lernt. Eine große Hilfe kann das Buch Jezira hierbei sein. Dieses Buch spricht in poetischer Art über die hebräischen Buchstaben und deren dreigliedrige Struktur und Funktion in der Schöpfung. Die jüdische Kultur wird dann im Babylonischen und Jerusalemer Talmud lebendig vermittelt. Der nächste Schritt ist das Buch Bahir. Das Buch ist als Stütze eines Schülers der Kabbalah unverzichtbar und äußerst informativ. Als Letztes kommt das komplizierte und tief-kabbalistische Buch Sohar … Das weitere Studium wird sich dann von alleine ergeben.

Welchen Nutzen hat das Studium?

Das Studium der Kabbalah kann uns lehren, dass jeder Mensch die gleichen letztendlichen Ziele im Leben verfolgt, nämlich ein erfülltes Leben zu führen, die Vollendung von Lebensaufgaben zu erreichen und körperliche und seelische Zufriedenheit zu erlangen. Das ist leichter gesagt als getan, denn diese gleichen letztendlichen Ziele erfordern eine geistige Arbeit voll von Disziplin und Respekt. Es müssen negative Tendenzen entfernt werden, die uns von den Geschenken, die das Leben für uns birgt, trennt. Die Geschenke des Lebens erhalten wir nicht, weil unser Ego das Empfangen der Geschenke stark erschwert oder gar unmöglich macht. Doch wenn ein Mensch die Arbeit an einem erfüllten Leben aufnimmt, so benötigt seine Seele eine Art Pflege. So wie eben jeder andere empfindliche Mechanismus Aufmerksamkeit benötigt. Aufmerksamkeit und Pflege, die uns die Kabbalah nahe bringen möchte; wenn wir dafür offen sind. Einer der höchsten aller kabbalistischen Ziele ist das *Gott schauen.* Der erfahrendste Kabbalist steigt zum Thronwagen hinab und sieht die Erfüllung seines Lebens vor sich: Gott.
Im 1. Jahrhundert n.u.Z. treten zwei Strömungen der Kabbalah zutage. Die erste Strömung der Kabbalah wird *Masse Merkaba* und die zweite Strömung, die gleichzeitig auftritt, wird *Masse Bereschit* genannt. Die Literatur der ersten Strömung wird Hechaloth- oder Merkaba-Literatur genannt und darin geht es um das höchste Ziel: *Gott schauen.*

Aus dem Schrifttum jüdischer Esoteriker der Spätantike, das sich mit diesen beiden Themen - dem Geheimnis der Schöpfung und dem Geheimnis der göttlichen Sphären, der merkava - befasst, ist uns eine kleine Bibliothek aus etwa zwölf Abhandlungen überliefert. Man kennt sie als Hechalot- [himmlische Paläste oder Tempel] und Merkava-Literatur, weil mehrere dieser Abhandlungen in ihrem Titel diese Begriffe aufweisen. Diese Literatur setzt sich mit vier Hauptthemen auseinander. Das erste betrifft die Kosmologie und Kosmogonie, d. h. detaillierte Beschreibungen des Schöpfungsvorgangs und der Art und Weise, in der Gott das

Universum lenkt (einschließlich der Darstellung der Beschaffenheit des Paradieses und der Hölle sowie diverser astronomischer Erörterungen). Das ausführlichste Werk dieser Gruppe ist Seder Rabba de-Bereschith (Die ausführliche Darstellung der Genesis). Das zweite Hauptthema dieser kleinen Bibliothek ist das der Magie. Zu diesen Abhandlungen zählt das ausführlichste antike jüdische Handbuch magischer Formeln – Charba de-Mosche (Das Schwert des Moses), eine Liste mehrerer hundert Zaubersprüche und magischer Prozeduren, die sich mit einer Vielzahl von Themen befassen, von medizinischen Heilmitteln über Liebestränke bis hin zum Laufen auf dem Wasser. Magie ist auch ein wichtiges Thema anderer Abhandlungen, die diesem Genre zugehören, insbesondere im Sefer ha-Razim (Buch der Geheimnisse). Das dritte Hauptthema bezieht sich auf die Darstellung der Thronwagen im Buch Ezechiel und in anderen biblischen Abschnitten, die Gottes Wohnstätte beschreiben. So soll Ezechiel etwa - nach Darstellung der Abhandlung Re´ujot Jecheskel (Die Visionen Ezechiels) – in einer Vision sieben Thronwagen erblickt haben, die sich im Wasser des Flusses Kvar spiegelten. Diese Texte enthalten zudem detaillierte angelologische Listen, in denen die Namen von Engeln und ihre Funktionen sowie Darstellungen der geheimen Namen Gottes und der Erzengel aufgeführt werden.
Das vierte Thema, das lediglich in etwa fünf dieser Abhandlungen begegnet, unterscheidet sich erheblich von den anderen. Es beschreibt eine aktive Prozedur, durch die ein Mensch in die göttlichen Sphären aufzusteigen, die höchste Stufe zu erreichen und sogar „Gott in seiner Herrlichkeit zu sehen" vermag. Dieser Vorgang des Aufstiegs wird in diesen Texten paradoxerweise als „Abstieg zum Thronwagen" bezeichnet, und die Gelehrten, die ihn unternehmen, heißen folglich jorde ha-merkava (jene, die zum Thronwagen hinabsteigen). [14]

Nach dem Auftreten der beiden kabbalistischen Strömungen bilden sich kleine Gruppen von Mystikern, die unter sich blieben. Sie verstanden sich als Bewahrer des Geheimnisses der Schöpfung. Es gab bis zu acht moralische Bedingungen und es wurden physiognomische[15], sowie chiromantische[16] Kriterien für eine Aufnahme berücksichtigt. Eine 12 oder 40tätige Reinigung wurde ebenfalls verlangt.
Ein Student der Kabbalah muss zuerst das Geheimnis der Schöpfung verstehen lernen. Ein unwürdiges, falsches oder gar unpassendes Verständnis des Geheimnisses führt zu einem falschen Handeln. Das falsche Handeln würde – im kabbalistischen Sinne – Gott selbst auf seinem Thron gefährden. Das steht im engen Zusammenhang damit, dass Gott und Mensch in einer sehr engen Verbindung stehen. Einer untrennbaren Verbindung die soweit geht, dass sie (Gott und Mensch) einander bedingen.

---

14 *Die Kabbala - Eine kleine Einführung* von Joseph Dan (Reclam 2007) – Seite 26-28
15 Unter Physiognomie versteht man die Deutung von charakteristischen Gesichtszügen und Schädelmerkmalen durch die Rückschlüsse auf eine Person geschlossen werden.
16 Unter Chiromantie versteht man die Deutung von Form und Linien der Hände, um Rückschlüsse auf eine Person aber auch dessen Zukunft schließen zu können.

Fragen wie zum Beispiel: Warum ist das Leben des einen Menschen von Trauer überschattet, während das eines anderen vor Glück erstrahlt? Warum genießt ein Mensch Reichtum und Ansehen, während sein Nachbar Armut und Not leidet? Warum ist der eine von Unsicherheit und Angst geplagt, während der andere voll Selbstvertrauen und Zuversicht in die Zukunft blickt? Warum reiht ein Mensch Erfolg an Erfolg, während ein anderer vom Regen in die Traufe gerät? Warum vollbringt einer geniale Leistungen, während ein anderer lustlos einer unbefriedigenden Tätigkeit nachgeht? Warum übersteht einer eine angeblich unheilbare Krankheit, die einem anderen den Tod bringt? Warum erfahren so viele gute und selbstlose Menschen unsagbares Leid, während sich mancher gewissenlose Zeitgenosse bester Gesundheit und strahlender Erfolge erfreut? Solche und ähnliche Fragen können mit den kabbalistischen Werkzeugen nicht nur beantwortet werden, sondern es können auch Situationen verändert, Ursachen verstanden und Wirkungen abgewandelt werden!

Die ersten Werkzeuge sind das Hebräische Alphabet und die zehn Sephiroth[17]. Die Kabbalisten galten als Zauberer, die mit den zehn Zahlen und den 22 Buchstaben ihres Alphabets Vorhersagen machen, Amulette und Zauberformeln herstellen konnten. Sie waren in der Lage wundertätige Dinge zu tun, weil sie um das Geheimnis der Schöpfung wussten. Die gesamte Schöpfung soll in den zehn Zahlen und den 22 Buchstaben des Hebräischen Alphabets enthalten sein.

Vom Hebräischen Alphabet und von den zehn Urzahlen (Sephiroth) spricht das Sepher Jesirah in poetischer Weise. Heutzutage gilt es als meditatives Hand- oder Lehrbuch zur Visualisierung der 22 Wege und zur Visualisierung der zehn Sephiroth. Die 22 Wege sind analog zu den 22 Buchstaben des Hebräischen Alphabets und die zehn Sephiroth sind analog zu den zehn Zahlen. Das Buch zählt die 22 Wege und die zehn Sephiroth zusammen und spricht von den *zweiunddreißig verborgenen Bahnen der Weisheit.* [18] Auf jenen verborgenen Bahnen der Weisheit gilt es zu wandeln:

Denn der Weisheit Anfang ist, wenn man sie gerne hört und die Klugheit lieber hat als alle Güter. [19]

---

[17] Sephiroth ist die Bezeichnung der zehn Emanationen, die zusammen den Baum des Lebens bilden. Im zweiten Buch dieser Trilogie (*Die Kabbalah – Die Schöpfung neuer Sichtweisen*) wird auf das Buch der Schöpfung (Sepher Jesirah) genauer eingegangen. Dort werden die zehn Sephiroth mit den Zahlen von 1 bis 10 gleichgestellt.

[18] *Das Buch der Schöpfung - Sepher Jesirah* - Deutsch/Hebr. von G. Grippo (2. Auflage)

[19] Zitat aus der Luther-Bibel: Sprüche 4,7

Das Hebräische Alphabet

Dem Hebräischen Alphabet sind Vokale fremd. Das Alef, also das A und das Jod, also das I sind in der hebräischen Sprache keine Vokale, sondern sie werden als Konsonanten angesehen. Das faszinierende am Hebräischen Alphabet ist, dass jeder Buchstabe einen unverrückbaren Zahlenwert hat. Dies tritt im Morgen- und Abendland nur bei insgesamt drei Alphabeten auf: bei dem Hebräischen, bei dem Griechischen und bei dem Arabischen.

In der Literatur über die Kabbalah (קבלה) gibt es unzählige verschiedene Schreibweisen der kabbalistischen Begrifflichkeiten. Das resultiert aufgrund besonderer Schriftzeichen im Hebräischen Alphabet, die mit dem Deutschen Alphabet nicht darstellbar sind. Neben den nicht geschriebenen, aber ausgesprochenen Vokalen hat auch ein Schriftzeichen mehrere Aussprachemöglichkeiten. Am Beispiel des Wortes **מלכות** (malkuth ausgesprochen), was Königreich bedeuten kann, soll das verdeutlich werden.

In der Deutschen Literatur wird es entweder Malkhuth oder Malkut oder Malkhut oder Malkuth geschrieben. Dies liegt daran, dass der Buchstabe Kaf (**כ**) nicht nur als K ausgesprochen werden kann, sondern auch als Ch, wie im Wort BaCh. Deshalb benutzt man allgemein die Buchstaben Kh (Groß- und Kleinschreibung ist zu beachten) um den Buchstaben Kaf wiederzugeben. Das kann dazu führen, dass die Aussprache des Wortes versehentlich falsch (Malchuth) wiedergegeben wird. Bei dem letzten Buchstaben (**ת**) des Wortes Malkuth (Thaw) kann es zu verschiedenen Darstellungen des Wortes kommen, die aber keinen Einfluss auf die Aussprache nehmen.

Da es im Hebräischen **zweimal** den Buchstaben **T** gibt, benutzt man allgemein die Buchstaben T und Th (Groß- und Kleinschreibung ist zu beachten) zur Unterscheidung. T steht für den Buchstaben Teth (**ט**) und Th steht für den Buchstaben Thaw (**ת**).

Die folgende Tabelle wurde so angelegt, dass sie allen Anforderungen des hebräischen Alphabets bei der Übersetzung des Hebräischen ins Deutsche gerecht wird. Dies soll auch als Aufforderung an alle kabbalistischen Kreise verstanden werden. Denn eine einheitliche Wiedergabe der Kabbalah-Begriffe kann hilfreich sein, die Kabbalah (HaQaBaLA) als Wissenschaft bzw. als wissenschaftliche Richtung wahrzunehmen. Man kann es mit der Mathematik vergleichen. Hätte man sich nicht weltweit auf gleiche Werte und Symbole geeinigt, dann könnte man keine Vergleiche ziehen.

Wäre das x nicht eine unbekannte Größe in der Mathematik, so würden die Mathematiker auf ihrer Suche nach dem x zu unterschiedlichen Ergebnissen kommen.

	Buchstabe		Aussprache
א	Alef	A	a wie Acht
ב	Beţ	B,Ъ	b wie Baum und ъ wie Wald
ג	Gimel	G	g wie Gaumen
ד	Daleţ	D	d wie Dach
ה	Héh	H	h wie Haus
ו	Waw	V,W	v wie Vogel, w wie Wald
ז	Zajn	Z	z wie Zaun
ח	Ĥeţ	Ch = Ĥ	ĥ wie Bach
ט	Teţ	T	t wie Tag
י	Jod	I,J	i wie Import und j wie Jagd
כ	Kaf	Kh, Ch = K, Ķ	k wie Kraft und ķ wie Bach
ך	Kaf Sofit	Kh, Ch = K, Ķ	k wie Kraft und ķ wie Bach
ל	Lamed	L	l wie Laufen
מ	Mem	M	m wie Macht
ם	Mem Sofit	M	m wie Macht
נ	Nun	N	n wie Nacht
ן	Nun Sofit	N	n wie Nacht
ס	Sameķ	ß = S	s wie Maße
ע	Ğajn	Gh = Ğ	ğ wie Ghetto
פ	Pe	P, F	p wie Prag und f wie Graphit
ף	Pe Sofit	P, F	p wie Prag und f wie Graphit
צ	Ŧade	Tz = Ŧ	ŧ wie versetzt
ץ	Ŧade Sofit	Tz = Ŧ	ŧ wie versetzt
ק	Qof	Q	q wie Quelle
ר	Reş	R	r wie Raum
ש	Şin	S, Sch = Š, Ş	š wie Saum und ş wie Schaum
ת	Ţaw	Th = Ţ	ţ wie Tag

Bei den Vokalen verhält es sich etwas ungenauer. Am Beispiel des Wortes *Pardes* ist das leicht mit den Vokalen A und E zu verdeutlichen. *Pardes* schreibt sich auf Hebräisch, von rechts nach links, mit vier Buchstaben. Das Wort Pardes schreibt sich mit den Buchstaben P, R, D und S. Die Vokale A und E sind *nahezu* willkürlich gesetzt. Zum Beispiel könnte man *Pardes* auch als *Pardas* oder *Perdes* oder *Perdas* lesen.

Am Beispiel der Namen *Abram* und *Abraham* ist die Vertauschbarkeit des Buchstabens A und H deutlich sichtbar. Der Name Abram schreibt sich im Hebräischen mit vier Buchstaben und der Name Abraham mit fünf Buchstaben. Der Name *Abram* schreibt sich mit A, B, R und M. Das zweite A im Namen Abram wird also *nahezu* willkürlich gesetzt. Zum Beispiel könnte man *Abram* auch *Abaram* oder *Abarm* lesen. Der Name Abraham hingegen wird mit einem zusätzlichen Buchstaben geschrieben, nämlich dem Héh. Der Name Abraham schreibt sich mit den Buchstaben A, B, R, H und M. *Abraham* könnte man also auch *Abaraham* oder *Abaram* lesen. Das Héh, also das hebräische H, kann als A oder als E fungieren. Eine feste Ausspracheregel der hebräischen Sprache besagt, dass das Héh am Ende eines Wortes immer als A oder E ausgesprochen wird.

Der Eindruck der Willkür der Aussprache der Vokale in der hebräischen Sprache bedarf eines geschichtlichen Schwenkers. Nach der Zerstörung des zweiten Tempels Gottes durch die Römer (70. n.u.Z.) wurde der Hohe Rat, der Sanhedrin genannt wird, durch Rabbi Jochanan ben Sakkai[20] nach Jawne (30 km südlich von Tel Aviv) verlagert. Dieser Hohe Rat ist im Abendland durch die Geschichte Jesu Christi (NT) bekannt geworden. Er bewirkte die Hinrichtung Jesu Christi durch die Römer. Diese *Bewirkung* war erforderlich, da die Römer dem Sanhedrin das Recht, Todesurteile auszusprechen und auszuführen, entzogen hatten.

Der Hohepriester, der Vorsitzende des Hohen Rates, hatte mit den Ratsmitgliedern all das Wissen um die Auslegung der Tora, und sie bewahrten Legenden, Geschichten, Gesetze, Traditionen usw., die mündlich seit Generationen von Hohepriester an Hohepriester weitergegeben wurden. Der erste Hohepriester der Geschichte des Volkes Israel war Melchizedek. Er war König und Priester Salems zur Zeit Abrahams. Aaron, der Bruder des Moses, hatte während der 40jährigen Wanderung das Amt des Hohepriesters inne.

Da der Rat an den Tempel Gottes gebunden war, verlor sich seine zentralisierende Funktion nach dem Jahre 70. Der Rat verlagerte immer wieder seinen Sitz in fast 400 Jahren, bis er durch die Römer (429) endgültig aufgehoben wurde. Moses Hess (1812-1875), der Vater der Zionistischen Bewegung, hatte schon die Vorstellung einer Wiedererrichtung eines Sanhedrins vertreten, jedoch bevor der Staat Israel wieder ins Leben gerufen werden sollte. Doch erst im Jahre 2005 (57 Jahre nach Gründung des Staates Israel) wurde der Hohe Rat in Jerusalem wiedererrichtet. Auch Moses Hess´ Wunsch nach einem laizistischen Staat ging nicht in Erfüllung, denn die orthodoxen Juden nehmen großen Einfluss auf Israels Politik. Seit Juni 2005 hat Rabbi Adin Steinsaltz den Vorsitz des Hohen Rates.

Da es damals keine starke zentrale Anlaufstelle mehr gab und die Juden sich in alle Richtungen zerstreuten, wurden die masoretischen Zeichen eingeführt. Sie

---

20 Im von den Römern belagerten Jerusalem wurde Jochanan ben Sakkai (40-80 n.Chr.) in einem Sarg an einem Strick von der Stadtmauer herabgelassen. Er schlug den Römern vor, als Gegenleistung für seine Kapitulation, die kleine Ortschaft Yawne zu erhalten, um dort eine Schule (hebr. Jeschiwa) zu gründen.

sollten gewährleisten, dass die Tora überall gleich gelesen wurde. Im 1. Jahrhundert begannen die Masoreten, eine Gruppe von auserwählten Rabbinern, durch ein bestimmtes Zeichensystem die Vokale in die Tora einzusetzen. Dieses Einsetzen erfolgte nicht durch Zusatzbuchstaben, denn die Tora besitzt 304.805 Buchstaben[21], sondern durch Punkte und Striche. Die Anzahl der Buchstaben darf bis heute nicht verändert werden.
Die masoretischen Zeichen (Punkte und Striche) werden folgendermaßen dargestellt und erfüllen folgende Funktionen (das א steht für einen beliebigen Buchstaben):

Vokale	Zeichen	Beschreibung
a	אַ אֲ אָ	Ein Strich unter dem Buchstaben
e	אֶ אֱ אֵ אְ	Mehre Punkte unter dem Buchstaben
i	אִ	Ein Punkt unter dem Buchstaben
o	אֹ	Ein Punkt links schräg über dem Buchstaben
u	וּא אֻ	Ein Punkt links neben dem Buchstaben

Durch die Arbeit der Masoreten entstand etwa zwischen dem 6. und 8. Jahrhundert n.u.Z der *masoretische Text*. Eine seitdem weithin einheitliche und mit nur geringen Textschwankungen überlieferte Fassung des Tanach. Ohne die masoretischen Zeichen kann der Text des Tanach vollkommen anders ausgesprochen und dadurch vollkommen anders übersetzt werden.
Die ausgesprochenen Vokale, die nicht durch einen hebräischen Buchstaben in einem Wort wiedergegeben werden, wurden in dieser Arbeit klein geschrieben. Erneut das Beispiel MaLKUTh aufgegriffen, bedeutet dies, dass der Vokal a des Wortes MaLKUTh zwar ausgesprochen wird, aber nicht im Wort מלכות vorkommt. Großgeschriebene Vokale wie das U im Wort MaLKUTh werden deshalb groß geschrieben, weil sie als Buchstabe im Wort vorkommen. Im hebräischen Wort מלכות steht für U der Buchstabe Waw (ו). Das Waw, also das hebräische V, wird auch als *W*, als *O* und als *U* benutzt.
Der Leser kann die korrekte Wiedergabe der Worte dadurch selbst überprüfen. Denn alle groß geschriebenen Buchstaben müssen immer mit der Anzahl der hebräischen Buchstaben in einem Wort übereinstimmen. Am Beispiel des Wortes **Or** bedeutet dies, dass das Wort **Or** im Hebräischen mit drei

[21] Die Masoreten haben strengstens darauf geachtet, dass die Tora unverändert blieb. Deshalb wurde bekannt gemacht, dass sie nur eine bestimmte Anzahl Buchstaben hat.

Buchstaben geschrieben wird. Or, was **Licht** bedeutet, schreibt sich auf Hebräisch so: **אור** Die richtigere Schreibweise wäre also in diesem Fall **AUR**.
Die Bezeichnung eines Buchstabens, wie wir es in unserem Kulturkreis von dem Griechischen Alphabet her kennen, hat im Hebräischen noch eine weitere Besonderheit. Im Griechischen wird der erste Buchstabe des Alphabets Alpha genannt. Im Hebräischen ist das ähnlich, der erste Buchstabe des Alphabets heißt **Alef**. Doch Alef bedeutet zudem auch **Ochse** in der hebräischen Sprache. Der zweite Buchstabe ist **Beth** und bedeutet **Haus**, der dritte heißt **Gimel** und bedeutet **Kamel** usw. Jeder Buchstabe hat also einen Zahlenwert und eine Namensbedeutung.

	Wert	Buchstabe		Bedeutung
א	1	Alef	אלף	Ochse
ב	2	Beţ	בית	Haus
ג	3	Gimel	גמל	Kamel
ד	4	Daleţ	דלת	Tür
ה	5	Héh	הה	Fenster
ו	6	Waw	וו	Haken, Nagel
ז	7	Zajn	זין	Schwert
ח	8	Ĥeţ	חית	Zaun
ט	9	Teţ	טית	Schlange
י	10	Jod	יוד	Hand
כ	20	Kaf	כף	Handfläche
ך	500	Kaf Sofit	כף	Handfläche
ל	30	Lamed	למד	Ochsenstachel
מ	40	Mem	מים	Wasser
ם	600	Mem Sofit	מים	Wasser
נ	50	Nun	נון	Fisch
ן	700	Nun Sofit	נון	Fisch
ס	60	Sameķ	סמך	Zeltstange, Stütze
ע	70	Ğajn	עין	Auge, Quelle
פ	80	Pe	פה	Mund
ף	800	Pe Sofit	פה	Mund
צ	90	Ŧade	צדי	Angelhaken
ץ	900	Ŧade Sofit	צדי	Angelhaken
ק	100	Qof	קוף	Hinterkopf
ר	200	Reş	ריש	Antlitz, Gesicht
ש	300	Şin	שין	(Gift-)Zahn
ת	400	Ţaw	תו	Siegel, Kreuz

Mit dem unverrückbaren Zahlenwert eines Buchstabens des Hebräischen Alphabets wird im Talmud und in der Kabbalah versucht, eine schwierige oder unverständliche Stelle der Tora zu erläutern. Auch kann die Bedeutung eines Verses dadurch verändert werden.
Im Hebräischen haben zum Beispiel die Worte **mein Engel** und der Name **Michael** den gleichen Zahlenwert, nämlich 101 (MaLeAKhI = 40 + 1 + 30 + 20 + 10 oder MIKhAeL = 40+10+20+1+30). Wenn also folgender Vers gelesen wird:

So gehe nun hin und führe das Volk, dahin ich dir gesagt habe. Siehe, mein Engel soll vor dir her gehen. [22]

So kann man aufgrund des Zahlenwertes auch lesen: *So gehe nun hin und führe das Volk, dahin ich dir gesagt habe. Siehe,* ***Michael*** *soll vor dir her gehen.* Überall wo in der Bibel **mein Engel** steht, kann der Name **Michael** eingesetzt werden.

mein Engel = **מלאכי**	Michael = **מיכאל**

So wurde der Erzengel Michael zum Schutzengel des hebräischen Volkes. Dies gilt bis heute noch.

Ab nun wird die Schreibweise aus dem vorangegangenen Kapitel übernommen und für den Rest des Buches angewandt! (z.B. Qabala anstatt Kabbalah)

[22] Zitat aus der Luther-Bibel: 2. Buch Moses 32,34

Der Prophet Ĥenoķ

Die Geschichte der Qabala beginnt mit der Zerstörung des zweiten Tempels Gottes in Jerusalem. Im Jahre 70 n.u.Z. haben die Römer nach einem Aufstand die gesamte Stadt dem Erdboden gleich gemacht. Den Römern war die Provinz Syria zu unruhig geworden und kostete zu viele Ressourcen. Insbesondere war der Brandherd dieser Unruhen in Jerusalem zu lokalisieren. Viele Ereignisse aus dieser Zeit führen zur Entstehung der Qabala, denn durch die Zerstörung des Tempels machte sich erneut Angst im Judentum breit. Es war eine ähnliche Situation wie damals, als Nebukadnezar II. im Jahre 586 v.u.Z. den ersten Tempel in Jerusalem zerstörte. Zu dieser Zeit wurden viele Juden nach Babylon deportiert.

Im 1. Jahrhundert n.u.Z. entstanden in den Wirren der Auswanderungswellen (Diaspora[23]) zwei Strömungen der Qabala (9.–13. Jahrhundert). Die erste Strömung, die von der **Kunde vom Thronwagen Gottes** (maše merkaba), hat maßgeblich zur Entstehung der Qabala beigetragen und großen Einfluss auf diese genommen. Die zweite Strömung, die der **Kunde von den Anfangsdingen** (maše bereşiţ), kam nie zu dem Einfluss, den die erste Strömung einnahm.

Die ersten bekannten Träger dieser qabalistischen Strömungen stammen aus dem rabbinischen Judentum, insbesondere aus dem Schülerkreis des Rabbi Jochanan ben Sakkai und des Rabbi Akiba ben Josef. Der Zweitgenannte lebte (ungefähr) von 40 bis 135 n.u.Z. in Israel. Die beherrschenden Themen sind dabei Spekulationen über die biblische Schöpfungserzählung und die Visionen des Propheten Eķzeqiel (**יחזקאל**) vom göttlichen Thronwagen. In der Thronwagen-Qabala tritt Ĥenoķ (**חנוך**) auf, der zu einer Leitfigur wird. Eķzeqiel, der Prophet, lebte in Babylon in einem der großen, geschlossenen jüdischen Siedlungsgebiete, die nach der Zerstörung des ersten Tempels (586 v.u.Z.) im Juden freundlicheren Perserreich entstanden waren. Eine Legende besagt, dass Eķzeqiel mit zu den Verfassern des Babylonischen Talmuds gezählt haben soll.

Das erste Kapitel des Buches Eķzeqiel beschreibt die ekstatische Schau des göttlichen Thronwagens. Die Thronwagen-Strömung der Qabala wird auch als Merkaba-Qabala bezeichnet. Das Wort **מרכבה** (merkaba ausgesprochen) bedeutet Wagen und bezeichnet den *Thronwagen Gottes*, den Eķzeqiel in seinen Visionen sah. Doch es gab seit dem Auftreten dieser Strömung Kritiker, die die Übertreibungen, die die Merkaba-Qabalisten in ihrer Literatur wiedergeben, als Kinderliteratur beschimpften. Diese Aussage findet sich im Babylonischen Talmud mit folgenden Worten bestätigt:

---

[23] Gebiet, in dem die Anhänger einer Glaubensrichtung in der Minderheit sind.

Alles, was Ezechiel in prophetischer Begeisterung sah, hat auch Jesaias gesehen. Der Unterschied besteht nur darin: Ezechiel gleicht einem Bauer, der zum ersten Mal einen König sieht; Jesaias gleicht einem Städter, der zum ersten Mal einen König sieht. [24]

Eine kurze Erklärung ist hier von Nöten. Die Aussage zwischen Bauer und Städter ist die, dass der Bauer die äußere Pracht bewundert und der Städter hingegen die Würde und Haltung des Königs sieht. Eḳzeqiel beschreibt ekstatische und sinnliche Bilder und Ješaja (ישעיהו) hingegen sieht einen beabsichtigten Idealismus darin.
Ĥenoḳ wird in der jüdischen, christlichen und islamischen Literatur zu einem Typus des Gerechten oder des Redlichen verklärt. Er wird gemeinsam mit den 144.000 Erzvätern am Ende aller Tage (Apokalypse NT) ein unbekanntes, neues Lied anstimmen, das niemand sonst außer den 144.000 singen kann[25]. In der Bibel (AT und NT) wird er nur ein paar Mal nebensächlich erwähnt. Aber rabbinische Legenden, qabalistische Überlieferungen und die daraus entstandene Literatur, sind umso mannigfaltiger. Er lebte im 35. Jahrhundert v.u.Z., und er hat in einem einzigen Leben geschafft, wovon Qabalisten träumen. Er kehrte ins Paradies (Garten Eden) zurück und wandelte mit Gott. Ĥenoḳ ist in der Literatur des Judentums als Jašar (ישר), was der Redliche bedeutet, bekannt und findet sich auch – in Folge dessen - im Christentum und im Islam wieder. Im Islam wird Ĥenoḳ Idris genannt. Er wird im Koran zweimal erwähnt und beide Male in Verbindung mit Ismael. Ismael ist der uneheliche Sohn Abrahams.

Und gedenke Ismaels und Idris und Dhulkifls Sie alle zählten zu den Standhaften. Wir ließen sie eingehen in Unsere Barmherzigkeit, denn sie gehörten zu den Rechtschaffenen. [26]

Obwohl Ĥenoḳ im Abendland (Europa) nicht sehr bekannt ist, so ist er umso wichtiger, wenn es um mündliche, qabalistische und legendäre Überlieferungen und Lehren geht.

Und dieweil er ein göttliches Leben führte, nahm ihn Gott hinweg, und er ward nicht mehr gesehen. [27]

Ĥenoḳ ist der siebte Stammvater nach Adam. Der erste Mensch - Adam - trat als Wortführer Gottes auf, indem er anfänglich seiner Frau Eva Gottes

[24] Zitat aus dem Babylonischen Talmud: Chagiga 13
[25] Zitat aus der Luther-Bibel: Offenbarung 14,1-3
[26] Zitat aus dem Koran: Sure 21 „Al-Anbiyá" 85-86
[27] Zitat aus der Luther-Bibel: 1. Buch Moses 5,24

Anweisungen übermittelte und auf diese Weise Gott als Prophet diente. Adam war der erste Mensch und der erste Prophet.

Und Adam war 130 Jahre alt und zeugte einen Sohn, der seinem Bild ähnlich war und hieß ihn Set, Set war 105 Jahre alt und zeugte Enosch, Enosch war 90 Jahre alt und zeugte Kenan, Kenan war 70 Jahre alt und zeugte Mahalaleel, Mahalaleel war 65 Jahre und zeugte Jared, Jared war 162 Jahre alt und zeugte Henoch, Henoch war 65 Jahre alt und zeugte Methusalah. [28]

Im vierten Kapitel des 1. Buch Moses (4,17) wird Ĥenoķ zudem als Sohn von Kain erwähnt. Kain ist der Bruder Abels, den er aus Neid getötet hat. Kain war der älteste, Abel der mittlere und Set der jüngste Sohn von Adam und Eva. Nach der Ermordung seines Bruders wurde Kain gebrandmarkt. Die Theologie ist sich nicht darüber einig, ob es sich nun bei dem Sohn Kains und dem siebten Stammvater der Menschheit, um den gleichen - Ĥenoķ - handelt. Was aber beides möglich ist, wenn man die **biblischen** Lebensalter (siehe obiges Zitat) der einzelnen Personen in Betracht zieht.
Zu Kain und Ĥenoķ gibt es noch eine weitere **Überlieferung**, die durch den Propheten Jakob Lorber (1800-1864) in seiner Neu-Offenbarung an uns vermittelt worden ist. Seine Neu-Offenbarung beginnt mit der ersten Stadt, die in der Bibel erwähnt wird, nämlich die Stadt Ĥenoķ im Land Nod.

Und Kain erkannte sein Weib, die ward schwanger und gebar den Henoch. Und er baute eine Stadt, die nannte er nach seines Sohnes Namen Henoch. [29]

In einem freimaurerischen Werk aus dem Jahre 1784, das genau auf denselben Vers (1. Buch Moses 4,17) verweist, wird die Wahrung der **Grundlehren der freien Künste** auf Ĥenoķ zurückgeführt:

Denn wir finden unter den Gedächtniswerken des Altertums eines, aus dem wir Nachricht haben, dass der fromme Enoch, (welcher nicht gestorben, sondern lebendig in den Himmel aufgenommen worden) geweissagt habe: es würde die Welt am jüngsten Tage mit Feuer (wie uns solches St. Judas berichtet) eben sowohl, als wie durch die allgemeine Sündflut untergehen. Dahero richtete er (wiewohl es andere dem Seth zuschreiben wollen) zwei große Säulen auf, deren eine von Stein, die andere aber von Thon gewesen, in welche er die Grundlehren der freien Künste gegraben. Die steinerne Säule ist noch in Syrien zur Zeit des Kaisers Vespasiani vorhanden gewesen. [30]

---

[28] Zitat aus der Luther-Bibel: 1. Buch Moses 5,3-21
[29] Zitat aus der Luther-Bibel: 1. Buch Moses 4,17
[30] Zitat aus einem Freimaurerbuch - Manuskript von 1784

Der siebte Stammvater der Menschen ist also Ĥenoķ, der in seinem äthiopischen Buch schreibt, dass *das Wort* oder *der wahre Name Gottes* der Eckstein der realen und materiellen Schöpfung ist. Der Name ist Ausschlag gebend! Alle Lehrgebäude der Qabala gehen auf den jeweiligen Namen eines Menschen ein, denn jeder Name stellt seinem Träger eine Lebensaufgabe. Der Mensch ist an seinen Namen und an dessen Aufgabe gebunden. Ein wichtiger Grundsatz aller Qabala-Lehrarten ist die Notwendigkeit des Namens. Jedes *Ding* muss einen Namen haben, um in der realen und materiellen Schöpfung Bestand haben zu können. Gott selbst hat sich dadurch erschaffen, dass er sich einen Namen gab. Ĥenoķ hat seinem Namen alle Ehre gemacht, denn Ĥenoķ bedeutet *Eingeweihter*, und er war ein wirklicher Eingeweihter in die Wahrheit Gottes! Er ist der erste Mensch, der Unsterblichkeit erlangt. Er wurde in den Himmelpalast des höchsten Himmels entrückt und begegnet bis zum heutigen Tage dem Tode nicht.

Durch den Glauben ward Henoch weggenommen, dass er den Tod nicht sähe, und ward nicht gefunden, darum dass ihn Gott wegnahm; denn vor seinem Wegnehmen hat er Zeugnis gehabt, dass er Gott gefallen habe. [31]

Die Aufgabe der Qabala ist die Rückkehr in den und die Bewahrung des Garten Eden (Paradies) in einem selbst. Dieses Bewahren erfolgt durch die Befolgung der **Worte Gottes** bzw. der **Zehn Worte**. Denn die Lehre Gottes trieft wie der Regen auf die Flora des Garten Edens in einem selbst. Es ist wie ein warmer Regen an einem schönen Sommertag. Der Regen gibt uns mit jedem Tropfen, der unsere Haut berührt, eine Gewissheit des Wohlergehens. Dieses göttliche **Triefen** erhält das Paradies lebendig! Zusammengefasst werden drei Hauptaufgaben, die sinnbildlich als drei Säulen (**ש**, **מ**, **א**) zu verstehen sind und den drei Bändern ihre äußere Form geben:

… *Diese drei Mütter A-M-Ş sind ein großes, verborgenes und prächtiges Geheimnis. Mit sechs Siegelringen versiegelt und aus diesen strömen Feuer, Wasser und Luft aus. Von ihnen wurden Väter geboren und von den Vätern Generationen.* [32]

Die drei Hauptaufgaben sind so angelegt worden, dass man zuerst nach dem Göttlichen in sich selbst suchen soll. Durch die Ausübung der **Worte Gottes** bzw. der **Zehn Worte Gottes** soll die Welt bewahrt werden, und der Rückkehr ins Paradies und dadurch zu Gott steht nichts mehr im Wege. Als größtes Vorbild gilt hierbei eben Ĥenoķ, der diese Aufgaben gemeistert hat und

---

[31] Zitat aus der Luther-Bibel: Hebräer 11,5

[32] G.Grippo. *Das Buch der Schöpfung - Sepher Jesirah* (2011), 3. Abschnitt, 1. Absatz. S.28.

deshalb mit Gott wandelte, nicht mehr den Tod zu sehen brauchte und ins Paradies zurückkehrte. Die drei Hauptaufgaben leiten sich aus drei Ţora-Zitaten ab, die zusammengefügt folgend lauten:

Wenn du aber daselbst den Herrn, deinen Gott, suchen wirst, so wirst du ihn finden, wenn du ihn von ganzem Herzen und von ganzer Seele suchen wirst. Denn Gott der Herr nahm den Menschen und setzte ihn in den Garten Eden, dass er ihn baute und bewahrte und sprach zu ihm „Meine Lehre triefe wie der Regen, und meine Rede fließe wie Tau, wie der Regen auf das Gras und wie die Tropfen auf das Kraut.“ [33]

Aufgrund des beschriebenen Verhaltens wurde Ĥenoķ, eine nebensächlich erwähnte Figur der Ţora, zu einem Leitbild der ältesten Richtung der Qabala. Die älteste Strömung der Qabala hieß *maše merkaba* (**מעשה מרכבה**) bevor sie zur Merkaba-Qabala wurde. Von der zweiten Strömung, die fast gleichzeitig auftrat und *maše bereşiţ* (**מעשה בראשית**) genannt wird, haben sich nur noch Reste erhalten. Diese Reste wurden von Strack und Billerbeck im *Kommentar zum Neuen Testament aus Talmud und Midrasch* gesammelt und veröffentlicht. Der heute noch erhaltene literarische Restteil der Maše-Bereşiţ-Strömung ist das *Buch der Schöpfung* (Sefer Jezira), das in der zweiten Säule (nächstes Buch) detailliert erörtert wird. Von der anderen Strömung hingegen haben sich viele literarische Zeugnisse (die so genannte Heĥaloţ-Literatur) erhalten, wie u.a. die drei ĥenoķischen Bücher.

Die drei Hauptbücher zu Ĥenoķ

Ĥenoķ wurde im Jahre 3404 v.u.Z. im Land der Flüchtlingschaft (Kanaan) geboren. Die zeitlichen Angaben – wie das Geburtsjahr Ĥenoķs – wurden aus der Tora unter Bezugnahme der jüdischen Zeitrechnung abgeleitet. Vor dem Auftreten der zwei oben genannten Strömungen und vor der Zerstörung des zweiten Tempels traten in 2. Jahrhundert v.u.Z. drei apokryphe Bücher auf, die auf Ĥenoķ zurückgehen sollen. Theologische Kreise sprechen bei den drei Büchern von einem Entstehungszeitraum um das Jahr 170 v.u.Z. Ein Entstehungszeitraum von mehr als 3200 Jahre nach Ĥenoķs Geburt. Den Kern der Ĥenoķ-Literatur bilden drei große Ĥenoķ-Bücher, nämlich das äthiopische, das slawische und das hebräische. Es gibt jedoch Fragmente in unzähligen anderen Sprachen, wie z.B. aramäisch, syrisch, koptisch, griechisch und lateinisch. Die vollständigste Version dieses Werkes liegt in äthiopischer Sprache vor.

---

[33] Zitate aus der Luther-Bibel: 5. Buch Moses 4,29 und 1. Buch Moses 2,15 und 5. Buch Moses 32,2

Das äthiopische Ĥenoķ-Buch

setzt sich aus Übersetzungen aus hebräischen und aramäischen Urtexten zusammen. Es handelt sich heute nicht mehr um ein einheitliches Buch, sondern um ein Sammelwerk aus verschiedenen Fragmenten. Das äthiopische Ĥenoķ-Buch gliedert sich in sechs Hauptkapiteln:

Buch der Wächter	Kapitel 1 – 36
Bilderreden	Kapitel 37 – 71
Astronomisches Buch	Kapitel 72 – 82
Traumvisionen	Kapitel 83 – 91
Mahnreden	Kapitel 92 – 106
Anhang	Kapitel 107 –108

Im Laufe der nächsten Jahre wird ein qabalistisch aufbereitetes Ĥenoķ-Buch publiziert werden, das sich auch mit der Theorie J.T. Miliks (1976) befassen wird. Milik ist der Auffassung, dass die Bilderreden im äthiopischen Ĥenoķ-Buch ein anderes Buch verdrängt hätten, nämlich das Buch der Giganten (Kapitel 37 – 71).

Das slawische Ĥenoķ-Buch

ist eine talmudähnliche Erläuterung des fünften Ţorakapitels des 1. Buch Moses über das Leben Ĥenoķs bis zur biblischen Sintflut:

Henoch war fünfundsechzig Jahre alt und zeugte Methusalah. Und nachdem er Methusalah gezeugt hatte, blieb er in einem göttlichen Leben dreihundert Jahre und zeugte Söhne und Töchter; dass sein ganzes Alter ward dreihundertfünfundsechzig Jahre. Und dieweil er ein göttliches Leben führte, nahm ihn Gott hinweg, und er ward nicht mehr gesehen. Methusalah war hundertsiebenundachtzig Jahre alt und zeugte Lamech und lebte darnach siebenhundert und zweiundachtzig Jahre und zeugte Söhne und Töchter; dass sein ganzes Alter ward neunhundert und neunundsechzig Jahre, und starb. Lamech war hundertzweiundachtzig Jahre alt und zeugte einen Sohn und hieß ihn Noah und sprach: „Der wird uns trösten in unsrer Mühe und Arbeit auf der Erde, die der Herr verflucht hat." Darnach lebte er fünfhundert und fünfundneunzig Jahre und zeugte Söhne und Töchter; dass sein ganzes Alter ward siebenhundert siebenundsiebzig Jahre, und starb. Noah war fünfhundert Jahre alt und zeugte Sem, Ham und Japheth. [34]

Das slawische Ĥenoķ-Buch handelt in den Kapiteln 1-68 von der Aufnahme Ĥenoķs in den Himmel und seinem Weg durch die sieben Paläste des

[34] Zitat aus der Luther-Bibel: 1. Buch Moses 5,21–32

Himmels. Die Paläste des Himmels werden **החלות** (HeĤaLOŢ ausgesprochen) genannt. In der slawischen Version kehrt Ĥenoķ auf die Erde zurück und berichtet der Menschheit als Prophet, Richter und himmlischer Verkünder von der Wahrheit Gottes. Die slawische Version verweist auf den Abschnitt des 1. Buch Moses 5,22 bis 23, in dem Ĥenoķ auf der Erde 365 Jahre alt wird. Hier sind die Lehrmeinungen gespalten, denn Ĥenoķ wurde laut der einen nicht erst mit 365 entrückt, sondern sofort nach der Zeugung seines Sohnes Methusalah mit 65 Jahren. Laut der anderen Lehrmeinung erhielt er von Gott die Möglichkeit, zwischen den Himmelspalästen und der Erde zu interagieren; aber seine Entrückung fand erst mit 365 Jahren statt.
Die Kapitel 69-73 handeln von seinen Nachfolgern Methusalah und Nir und schließt mit der Geburt und der Himmelfahrt Melķiŧedeqs (**מלכיצדק**). Auch Melķiŧedeq starb nie und ist einer der singenden 144.000 auf dem Berge Zion. Die Textentwicklung beim slawischen verläuft ähnlich wie beim äthiopischen Ĥenoķ-Buch mit Vorstufen aus einem aramäischen und hebräischen Urtext, griechischen Übersetzungen und davon erstellten slawischen Übersetzungen.

Das hebräische Ĥenoķ-Buch

berichtet von einer Version eines gewissen Rabbi Ismael, der in den siebten Himmelspalast aufsteigt und wie Ĥenoķ den Thron(wagen) Gottes schaut. Hierbei handelt es sich um typische Heĥaloţ-Literatur. Das hebräische Buch ist in sieben Hauptteile untergliedert:

Einleitung	Kapitel 1 – 2
Ĥenoķ-Metatron	Kapitel 3 – 16
Das angelologische Buch	Kapitel 17 – 28
Das Endzeitgericht	Kapitel 29 – 33
Der Gesang der Engel	Kapitel 35 – 40
Einschub über die Merkaba-Mystik	Kapitel 23 – 24, 33 – 34 und 37
Das astronom. Buch und göttliche Namen	Kapitel 41 – 49

Rabbi Ismael begegnet dem Ĥenoķ, der ihm erzählt, dass er in den Engel **Metatron** verwandelt worden ist. Auffallend für die hebräische Version ist die starke Bedeutung der Bilderreden aus dem äthiopischen Ĥenoķ-Buch.
Das Wort *Metatron* stammt aus dem Griechischen und bedeutet: *Der dem Thron Gottes am nächsten steht.* Ĥenoķ ist durch sein **gerechtes und redliches Leben** zum obersten Engel geworden. Metatron wird auf Griechisch folgend geschrieben **μέταθρον** und wird bei fast allen Lehrarten der Qabala in Verbindung mit dem Propheten Ĥenoķ gebracht. Bei der christlichen Qabala übernimmt Jesus Christus diese Rolle.

Der legendäre Ursprung der Qabala

Die bis jetzt bekannte chronologische Abfolge: Adam der erste Mensch und Prophet, Ĥenoķ der Redliche, der zurück ins Paradies durfte und Noah der Retter der Menschheit über die Sintflut bis hin zu Melķitedeq der erste Hohepriester Jawes (יהוה) und Abraham der Stammvater der Juden, Christen und Moslems ... Die chronologische Abfolge wird nun mit dem legendären Ursprung der traditionellen Qabala mit Abraham fortgeführt. Die ältesten Überlieferungen sollen von Abraham selbst herstammen, der Anfang des 21. Jahrhunderts v.u.Z. im Nahen Osten lebte. Obwohl er kein Jude war, sondern ein Chaldäer aus der Stadt Ur, so berufen sich die Juden auf ihn, weil Gott ihn zu Größerem verpflichtet hat.

Da nahm Tharah seinen Sohn Abram und Lot, seines Sohnes Harans Sohn, und seine Schwiegertochter Sarai, seines Sohnes Abrams Weib, und führte sie aus Ur in Chaldäa, daß er ins Land Kanaan zöge; und sie kamen gen Haran und wohnten daselbst. [...] Und der Herr sprach zu Abram: Gehe aus deinem Vaterlande und von deiner Freundschaft und aus deines Vaters Hause in ein Land, das ich dir zeigen will. [35]

Die Christen berufen sich auf ihn, weil die Erbfolge von Jesus auf Abraham zurückführbar ist, denn im Matthäus Evangelium (Matthäus 1,1-25) beginnt die Erbfolge bei Abraham und endet mit dem Satz:

Jakob zeugte Joseph, den Mann Marias, von welcher ist geboren Jesus, der da heißt Christus. [36]

Die Moslems sehen als ihren Stammvater Ismael an, den erstgeborenen (unehelichen) Sohn Abrahams und Hagars. Hagar ist die ägyptische Magd von Abrahams Frau – Sarah – gewesen.

Und Hagar gebar einen Sohn; und Abram hieß den Sohn, den ihm Hagar gebar, Ismael. [37]

Die zuvor erwähnte sture Haltung des Judentums gegenüber dem Christentum und dem Islam basiert aber nicht auf Sturheit, sondern hat mehrere begründete Ursachen. Gehen wir einmal von einer anderen Seite an dieses Thema heran. Das Judentum hat ca. 15 Millionen Anhänger. Das Christentum hat ca. 2,3 Milliarden Anhänger und der Islam ist die zweitgrößte Religion auf der Welt und hat ca. 1,4 Milliarden Anhänger.

---

[35] Zitat aus der Luther-Bibel: 1. Buch Moses 11,31 und 12,1

[36] Zitat aus der Luther-Bibel: Matthäus 1,1-25

[37] Zitat aus der Luther-Bibel: 1. Buch Moses 16,15

Das Judentum, das Christentum und der Islam stammen alle von Abraham ab. Wir sprechen von einer religiösen und von keiner genetischen Abstammung. Wenn wir alle Anhänger der drei Religionen zusammenzählen, haben wir ca. 3,7 Milliarden Menschen, die von Abraham abstammen. Gott versprach Abraham folgendes in Bezug auf Ismael:

Und siehe, der Herr sprach zu ihm: „Er soll nicht dein Erbe sein; sondern der von deinem Leib kommen wird, der soll dein Erbe sein." Und er hieß ihn hinausgehen und sprach: „Siehe gen Himmel und zähle die Sterne; kannst du sie zählen?" und sprach zu ihm: „Also soll dein Same werden." [38]

Das Versprechen, das Gott Abraham gab, nämlich dass seine Nachkommen so unzählig sein würden, wie es Sterne am Himmel gibt, wurde somit eingehalten. Es gibt 6,9 Milliarden Menschen (Jahr 2010) auf der Welt und mehr als die Hälfte davon stammt – der Religion nach – von ihm ab. Dieses kleine Zahlenbeispiel soll den Wahrheitsgehalt der Ţora untermauern, denn in unserer Gesellschaft hat die Ţora bzw. die Bibel stark an Glaubwürdigkeit verloren. Wahrscheinlich deshalb, weil es zu wenige Menschen gibt, die das Wort Gottes in seiner Vielschichtigkeit anderen Menschen nahe bringen können. Die Bibel ist kein Märchenbuch!
Man geht in den jüdischen Überlieferungen davon aus, dass die Qabala, also die Weitergabe mystischen Wissens aus antiker Zeit, von Abraham selbst herrührt. Abraham habe in seinen Zwiegesprächen mit Gott viele Geheimnisse erfahren, die dann in die Fünf Bücher Moses (Ţora) Eingang fanden.

Als gekommen war Abraham unser Vater und verstand diese große Wahrheit da erfasste er sie mit seinem Verstand, da begriff er sie vollständig, stellte aufmerksame Untersuchungen an und schaute tief in sie hinein, erwog ihre Weite und stellte viele Betrachtungen an. Dann offenbarte sich ihm der Herr des Alls und nannte ihn Abraham seinen Freund. Er schloss ein Bündnis mit ihm und setzte das Bündniszeichen zwischen die zehn Finger seiner Hände, dies ist die Zunge, und zwischen die zehn Zehen seiner Füße, dies ist die Beschneidung. Denn es steht geschrieben: „Ich kannte dich, ehe denn ich dich im Mutterleibe bereitete, […]" [39]

Bis zu der Niederschrift der Ţora wurden Legenden, Geschichten, Gesetze, Traditionen usw. mündlich von Generation zu Generation weitergegeben. Die Behauptung, dass Abraham in seinen Zwiegesprächen mit Gott viele Geheimnisse erfahren hat, wurde über die Jahrhunderte zu einer Legende. Sie

---

[38] Zitat aus der Luther-Bibel: 1. Buch Moses 4,5

[39] G.Grippo. *Das Buch der Schöpfung - Sepher Jesirah* (2011), 6. Abschnitt, 10. Absatz. S.46.

erklärt auch, dass die Fünf Bücher Moses vielschichtig zu verstehen sind. Diese Behauptung wird wahrscheinlich deshalb entstanden sein, um zu erklären, dass alles - was ein Mensch in seinem Leben wissen muss - in der Ţora bzw. in nur fünf Büchern zu finden ist.
Die Aussage ist fundamental: „Alles was ein Mensch in seinem Leben wissen muss, steht in den Fünf Büchern Moses!" Erst durch diese Aussage wird klar, warum sich Generationen von Hohepriestern, Rabbiner und Gelehrten mit der Ţora befasst haben. Sie widmeten ihr Leben der Suche nach Antworten in den Gottes Offenbarung. Die Ţora ist Gottes Offenbarung an die Menschen. Hierbei war die Suche nach Antworten, die sich nicht offensichtlich in der Ţora zeigten, ein Grundgedanke der Qabala, der beiden Talmuds und anderen Beischriften. Talmud-Akademien und Qabala-Schulen haben sich intellektuelle Schlachten geliefert auf der Suche nach den verborgenen Antworten der Ţora.
Ein klassisches Beispiel ist die Jahreszeit der Schöpfung[40]. Rabbi Elisier leitet aus dem Tanaķ ab, dass die Schöpfung am 1. Tişri (Herbst) eingeleitet wurde und Rabbi Jehoschua leitet aus dem Tanaķ den 1. Nisan (Frühjahr) ab. Das steht so nicht im Tanaķ. Beide Gelehrte denken sich die Schöpfung zu Beginn des Jahres. Im Judentum gibt es aber zwei Jahresanfänge. Am 1. Tişri beginnt das neue Kalenderjahr. Der 1. Nisan ist der Jahresanfang für die Zählung der Monate und der Feste. Beide Gelehrte legen nun den Geburtstag der Welt, sowie andere wichtige, unbekannte Daten, die im Tanaķ überdeutliche Anhaltspunkte haben, durch Ableitung zutage.
Dies mag auch ein Grund für die zuvor erwähnte sture Haltung des Judentums sein. Die Ţora ist der Innbegriff von allem. Man könnte sogar soweit gehen und sagen, selbst das Christentum und der Islam sind Teil der Fünf Bücher Moses. Es sind *Ableitungen* aus der Vielschichtigkeit des Ţoratextes. Auch die anderen Bücher des Tanaķs sind *Ableitungen.*
Der Verfasser der Fünf Bücher Moses hat die Ţora so angelegt, dass in ihr alles, was dem Menschen auf den Weg zurück zum paradiesischen Urzustand und dadurch zu Gott enthalten ist! Sie ist vierlagig angelegt worden. Sie hat eine offensichtliche (geschichtliche) Lage, eine hinweisende Lage, eine deutende und eine geheime Lage. Diese vier Lagen oder Schichten sind wie hauchdünne Häute, die übereinander gespannt sind, so dass man alle vier Lagen auf den ersten Blick als eine einzige schimmernde Haut wahrnimmt. Auf die vier Lagen werden wir im Kapitel **Ein köstlicher Obstgarten** (Seite 60) genauer zu sprechen kommen. Rein mathematisch könnte man von fünf Büchern (Ţora) und vier Lagen also von insgesamt 20 Büchern (5 x 4) sprechen.

---

[40] Zitat aus dem Babylonischen Talmud: Rosch HaSchana 10b/11a

Der erste Qabalist der Geschichte

Es ist nicht verwunderlich, dass die Herkunft der Qabala sowie des *Buches der Schöpfung* (Sefer Jeṭira) auf biblische Zeiten, insbesondere auf Abraham, zurückgeführt wird. Abraham wird als der erste Qabalist der hebräischen Geschichte verklärt. In der Ṭora erfährt der Name Abram eine Wandlung. Abram ist der ursprüngliche Name Abrahams. Diese Wandlung oder Namensänderung, die von Gott selbst durchgeführt wird, gilt als eine der göttlichen Legitimationen für die Qabala schlichtweg. Die mystische Vertauschung von Buchstaben wird auf Hebräisch ŦeRUF (צרוף) genannt. Gott selbst benutzte laut der Ṭora Zahlen und Buchstaben, um den Sinn eines Namens zu ändern. Die Änderung eines Namens ist in der Qabala immer mit der Änderung der Aufgaben oder Pflichten des Namensträgers verbunden. Gott selbst benutzt Zahlen und Buchstaben, um den Sinn eines Namens und dadurch dessen Aufgaben und Pflichten zu ändern. Die meditative Strömung der Qabala folgt diesem Ziele. Sie versucht zum Beispiel eine schwierige Stelle der Ṭora durch die Methode des Ŧeruf zu interpretieren, also durch das numerologische Deuten von Worten. Anhand der Namensänderung von Abraham wird das deutlich. Wie Gott bei der Wandlung des Namens Abraham vorging, wird folgend in der Ṭora beschrieben:

Darum sollst du nicht mehr Abram heißen, sondern Abraham soll dein Name sein; denn ich habe dich gemacht zum Vater vieler Völker und will dich gar sehr fruchtbar machen und will von dir Völker machen, und sollen auch Könige von dir kommen. [41]

Abram bedeutet laut der Ṭora „erhabener Vater" und *Abraham* bedeutet „Vater einer großen Menge". Dies steht zwar in der Ṭora, aber *Vater einer großen Menge* heißt im Hebräischen eigentlich *ab-hamon*, somit ist es eine von der Ṭora gewünschte Erklärung. Weil sie eben in der Ṭora steht, ist sie gleichwertig, wie die andere, die ursprüngliche oder etymologische[42] Erklärung. Für das gesamte Judentum gilt bis heute: *Die Ṭora ist alles! Was in ihr steht, ist Wahrheit! Und absolut alles, was der Mensch wissen muss, steht in ihr!*

Diese Ŧeruf-Interpretationsweise zählt zur meditativen Qabala. Die Qabala teilt sich in eine theoretische, meditative und magische Kategorie auf. Das Buch der Schöpfung (Sefer Jeṭira) zählt zur meditativen Kategorie. Über die Dreiteilung der qabalistischen Kategorien werden wir im nächsten, dritten Band dieser Reihe (Säule ש) genauer zu sprechen kommen.

---

[41] Zitat aus der Luther-Bibel: 1. Buch Moses 17,5-6

[42] In der Etymologie werden Herkunft und Geschichte der Wörter erforscht.

Die Änderung des Namens von Abraham wurde ausgiebig in den Talmud-Akademien und den Qabala-Schulen diskutiert. Eine Stelle aus dem qabalistischen Buch Bahir soll als gutes Beispiel dienen. Darin wird der Zahlenwert der hebräischen Worte „im Bilde Gottes" in Verbindung mit dem Namen „Abraham" gebracht. Im Babylonischen Talmud steht, dass der vollkommene Mensch 248 Glieder hat. Der Name *Abram* hat aber den Zahlenwert 243 und durch die Zufügung des hebräischen Buchstabens Héh (ה), der den Zahlenwert 5 hat, bekommt der Name *Abraham* den Zahlenwert 248. Im zuvor erwähnten Buch Bahir steht:

Und ferner: Warum fügte Gott dem Namen unseres Vaters Abraham ein Héh [ה] und keinen anderen Buchstaben hinzu? [Das geschah,] damit alle Glieder des Menschen des ewigen Lebens würdig sein sollten, [...] Gleichsam wurde erst dadurch das Werk vollendet, wie es heißt: „Denn im Bilde Gottes machte er den Menschen", und [das Wort] Abraham ist seinem Zahlenwerte nach 248, so viel wie die Anzahl der Glieder des Menschen. [43]

Die „Vervollständigung" des Namens Abraham durch die Zufügung des hebräischen Buchstabens Héh macht Abraham zu einem Menschen der des ewigen Lebens würdig ist. Also zu einem vollkommenen Menschen, wie er nach dem Bilde Gottes sein sollte! Doch Abraham kann nicht, wie ein jeder Mensch es nicht kann, alleine ein vollkommener Mensch sein. Es drängt sich die Frage auf, woher denn Gott den Buchstaben Héh für seinen qabalistischen Rechenvorgang hernahm. Folgendes wird im Babylonischen Talmud erklärt:

Rabbi Eleasar sagte [44]*: Jeder Mensch, der keine Frau hat, ist eigentlich kein Mensch, denn es heißt: „Männlich und weiblich erschuf er sie [...] und rief ihren Namen: Mensch.* [45]

Abraham war nicht alleine. Er war verheiratet mit Sarah und beide hießen zuvor anders. Auch Sarahs Name und dadurch ihre Aufgaben und Pflichten wurden verändert; denn in der Ṭora steht:

Und Gott sprach abermals zu Abraham: „Du sollst dein Weib Sarai nicht mehr Sarai heißen, sondern Sarah soll ihr Name sein." [46]

Abraham hieß zuvor Abram (**אברם**) und Sarah hieß zuvor Sarai (**שרי**).

---

[43] Zitat aus dem Buch Bahir: Paragraph 6
[44] Zitat aus dem Babylonischen Talmud: Jewamot 63 a
[45] Zitat aus der Luther-Bibel: 1. Buch Moses 5,2
[46] Zitat aus der Luther-Bibel: 1. Buch Moses 17,15

Abram	אברם	Zahlenwert 243	Abram + Sarai = 753
Abraham	אברהם	Zahlenwert 248	243 + 510 = 753
Sarai	שרי	Zahlenwert 510	Abraham + Sarah = 753
Sarah	שרה	Zahlenwert 505	248 + 505 = 753

Der Name Sarai (siehe Tabelle) hat den Zahlenwert 510 und durch die Namensänderung in Sarah ergibt sich der Zahlenwert 505. Der Zahlenwert ihres Namens wird also um 5 verringert. Der Name Abram wird hingegen um 5 erhöht. Denn der Name Abram – wie gesagt – hat den Zahlenwert 243 und der Name Abraham hat den Zahlenwert 248, wie aus dem Buch Bahir hervorgeht. Durch die Namensänderungen betreibt Gott qabalistische Rechenvorgänge. Er nimmt das Jod (I = 10) teilt es in zwei Héhs (H = 5 oder I = HH) und belässt ein Héh bei Sarah und nimmt das andere Héh (vom ursprünglichen Namen *Sarai*) und macht aus Abram, dem erhabenen Vater, Abraham, einen Vater einer großen Menge.
Dies ist eine göttliche Legitimation für qabalistische Rechenvorgänge. Es ist also nur natürlich, dass der legendäre Ursprung der Qabala und die Verfasserschaft des Buches der Schöpfung (Sefer Jetira) mit Abraham in Verbindung gebracht werden.

Die drei wichtigsten Bücher des Judentums

Das Judentum basiert auf drei Büchern, die das tägliche und geistige Leben, die Traditionen und dessen Weltbild prägen. Heute genauso wie vor rund 5770 Jahren[47]. Es handelt sich bei diesen drei Büchern um die **Ţora**, eigentlich eine Buchrolle und kein Buch, um den **Babylonischen Talmud** und um **Das Buch des Glanzes**, das auch *Zohar* genannt wird! Alle drei Bücher – Ţora und Babylonischer Talmud und Das Buch Zohar – entstanden aus dem gleichen Grund, nämlich aus Verlustangst! Angst, dass die jüdische Kultur verloren gehen könnte.

Die Ţora - Das erste Buch

Das erste Buch ist die Ţora. Eine Buchrolle, die aus fünf Traktaten besteht, die im Christentum als „Pentateuch" bezeichnet wird. Wichtig ist hierbei zu verstehen, dass für das Verständnis aller drei Bücher eine grundlegende

---

[47] Die jüdische Zeitrechnung beginnt mit der Schöpfung der Welt, wie sie sich aus der Rückrechnung der biblischen Chroniken ergibt. Die Schöpfung wurde laut dem Babylonischer Talmud (Rosch HaSchana 10b/11a) am 1. Tischri (Anfang Oktober) eingeleitet. Diese Definition setzte sich im Judentum erst ab dem 11. Jahrhundert durch, geht aber bereits auf die systematischen Grundlagen der Berechnung des Patriarchen Hillel II. (359 n.u.Z.) zurück.

Überzeugung im Judentum besteht, nämlich, dass Moses (1593-1473 v.u.Z.) die Ţora selbst geschrieben oder zumindest die Niederschrift der Ţora prägend mitgestaltet hat. Sie wurde im 16. und 15. Jahrhundert v.u.Z. verfasst. Die Angaben, die hier immer angebracht werden, wurden aus den biblischen Chroniken abgeleitet. Die Ţora entstand zu der Zeit, als das Volk Israel sich aus Ägypten in das Gelobte Land (ארץ ישראל ausgesprochen Areṫ Išrael) aufmachte. Moses erschuf ein Werk aus einem Guss, auf das sich das ganze Volk Israel für immer berufen sollte. Dieses perfekte Werk sollte die Angst der Israeliten beschwichtigen. Die meisten Israeliten wollten Ägypten gar nicht verlassen. Nicht unbedingt, weil es ihnen dort so ungemein gut gefallen hat, sondern sie hatten Angst vor dem Unbekannten. In der Ţora steht, dass sie ganze 400 Jahre in Ägypten verbracht haben:

Da sprach der Herr zu Abram: „Das sollst du wissen, dass dein Same wird fremd sein in einem Lande, das nicht sein ist; und da wird man sie zu dienen zwingen und plagen vierhundert Jahre.“ [48]

Die Verfasserschaft der Ţora

Die Aussage, dass *eine grundlegende Überzeugung im Judentum besteht, nämlich, dass Moses die Ţora selbst geschrieben oder zumindest die Niederschrift der Ţora prägend mitgestaltet hat*, darf nicht ohne Begründung stehen bleiben. Es gibt Anzeichen dafür, dass diese *Überzeugung* nicht soweit hergeholt ist, wie in christlich-theologischen Kreisen meist dargestellt wird:

Und der Herr sprach zu Moses: Schreibe das zum Gedächtnis in ein Buch und befiehl´s in die Ohren Josuas. [49]

In der Theologie wird die Streitfrage der Verfasserschaft der Ţora, dass Moses selber die Ţora wirklich verfasst hat, in der Regel nicht mehr diskutiert. Dennoch bleibt sie eine heikle Überzeugung, denn im Johannesevangelium wird zum Beispiel von Jesus Christus die Verfasserschaft der Ţora dem Moses bestätigt.

Wenn ihr Moses glaubtet, so glaubtet ihr auch mir; denn er hat von mir geschrieben. [50]

Die Streitfrage wurde in der Theologie aufgegeben, weil keine zufrieden stellende Lösung gefunden werden konnte. Die aktuelle Forschungslage stützt

---

[48] Zitat aus der Luther-Bibel: 1. Buch Moses 15,13
[49] Zitat aus der Luther-Bibel: 2. Buch Moses 17,14
[50] Zitat aus der Luther-Bibel: Johannes 5, 46

sich bei der Entstehung der Ţora auf das seit den 70er Jahren des letzten Jahrhunderts bestehende Vierquellenmodell. Dieses Modell teilt die Ţoratexte in vier zeitliche Quellen namens J, E, D und P ein. Quelle J ist dem Jahr 850 (v.u.Z.), Quelle E dem Jahr 750 (v.u.Z.), Quelle D 621 (v.u.Z.) und Quelle P 444 (v.u.Z.) zugeordnet. Das Vierquellenmodell wird auch Wellhausenmodell genannt. Es zerteilt die Bibel in vier Epochen der Überlieferungen. Dieses Modell hat keine Verbindung zur Archäologie und ist deshalb ungenau.

Kritiker des Vierquellenmodells von Wellhausen führen jedoch an, dass ab dem 2. Buch Moses, Vers 19, die Quellentrennung weitgehend versagt und dass die vorausgesetzte Religions- und Sozialgeschichte unvollständig ist, weil Wellhausen seine Theorien ohne die Ergebnisse der Archäologie und der Altertumswissenschaft aufgestellt hat.

Nur weil die Frage nach der Verfasserschaft der Ţora durch Moses in der Theologie nicht mehr zur Debatte steht, kann nichts über die geradezu heillose Verwirrung der derzeitigen Forschung hinwegtäuschen. Die Ungenügsamkeit des Wellhausenmodells ermöglicht deshalb, die Argumente zugunsten der Verfasserschaft der Ţora durch Moses erneut aufzugreifen. Dieses vorliegende Buch geht von der Verfasserschaft des Moses aufgrund der nun folgenden Argumentation aus. Der Autor musste ein ausgebildeter Schreiber jener Zeit gewesen sein, denn die hervorragende schriftstellerische Fähigkeit des Verfassers zeugt von einer speziellen Ausbildung. Er war mit den literarischen Fertigkeiten der damaligen Zeit bestens vertraut und benutzte verschiedene Gattungen, Stile, Bilder und Wortspiele, wovon die formgeschichtliche Erforschung der Ţora in christlich-theologischen Kreisen auf ihre Weise Zeugnis ablegt. Interessanterweise unterscheidet sich der Stil der Ţora wesentlich von allen anderen Büchern des Alten Testaments (bis auf das Buch Hiob). Sein antiquierter Charakter zeigt sich sowohl in der Satzformulierung, als auch in grammatikalischen und formalen Eigenarten, was wiederum gegen eine späte Abfassung durch die Hand mehrerer Autoren spricht.

Der Verfasser verarbeitet in der Ţora die Legenden der Sumerer, der Ägypter, die bekannten Mythen und Epen des Zweistromlandes. Die Ähnlichkeiten, die zwischen dem Gilgamesch-Epos (3. Jahrtausend v.u.Z.) und der Sintflut des Noah (2. Jahrtausend v.u.Z.) bestehen, sind offensichtlich.

Der wichtigste Aspekt in diesem Zusammenhang ist Moses selbst, der zum Adoptivsohn des Pharaos wurde, als dieser (der Pharao) im zweiten Bibelbuch seinen Soldaten befahl:

Alle Söhne [der Sklaven], die geboren werden, werft ins Wasser, und alle Töchter lasst leben. [51]

---

[51] Zitat aus der Luther-Bibel: 2. Buch Moses 1,22

Seine Mutter rettet ihn, indem sie ihn in einem Korb dem Fluss „Nil“ übergibt. Die Tochter des Pharaos findet diesen Korb und beschließt, den Säugling zu adoptieren. Er wird wie ein pharaonischer Prinz erzogen und erfährt Geheimnisse, Weissagungen und Offenbarungen, die außer der Priesterkaste und der pharaonischen Familie wohl niemand sonst jemals erfahren wird. Selbst der Name Moses ist ägyptisch. Er bedeutet „geboren von“; bei den Namen Ahmoses, Kamoses und Thutmosis kommt ebenfalls diese Silbe vor. Das einzig merkwürdige daran ist, dass in seinem Namen (Moses) nicht zu lesen ist von wem er denn geboren wurde. Obwohl Meinungen bestehen, dass er „Hapi-m´ses“ geheißen haben mag. „Hapi“ war der altägyptische Name des Nils und da die Tochter des Pharaos ihn aus dem Nil zog, könnte sie (die Tochter des Pharaos) ihn deshalb *Hapim´ses* genannt haben. Die andere Möglichkeit wäre, dass man die Vorsilbe wegließ, weil man nicht wusste von wem er geboren wurde.

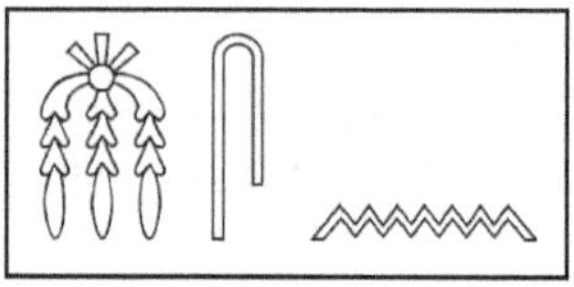

Hieroglyphen für "moses"

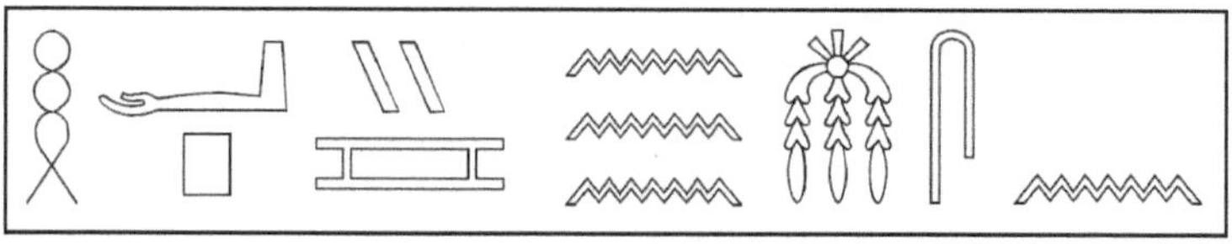

Hieroglyphen für "hapi-m´ses"

Die erste Variante klingt glaubwürdiger, da der Nil für die Ägypter ein mächtiger Gott war, der offensichtlich in der Lage ist, Leben zu zeugen. Die Überschwemmungen sind Beweis genug für das Leben, den Tod und die Wiedergeburt.

Auch muss gesagt werden, dass die Mutter des Moses keine Rabenmutter war, weil sie ihren Sohn einfach in den Fluss *schmiss*. Die Mutter des Moses glaubte an den Nilgott „Hapi“ und an den Schutz, den er Moses zukommen lassen würde. Das Handeln der Mutter ist ein gutes Beispiel für die Vermengung ägyptischer und hebräischer Glaubensansichten.

Das Volk Israel nahm Legenden aus seiner Umgebung auf und gab auch eigene an andere Völker weiter. Moses wurde ägyptisch erzogen und erhielt zudem eine erstklassige Erziehung als Adoptivsohn des Pharaos.

Die Ausbildung des Moses am ägyptischen Hof eröffnete ihm Zugang zum gesammelten Geschichtswissen seiner Zeit – in Form schriftlicher Quellen oder mündlicher Traditionen – und versetzte ihn methodisch und schriftstellerisch in die Lage, ein solches Geschichtswerk wie die Ţora zu schaffen. Moses war ein ausgebildeter Schreiber seiner Zeit und die hervorragende schriftstellerische Fähigkeit zeugt von einer speziellen

Ausbildung. Als Augenzeuge des Auszugs und der Wüstenwanderung kannte er den weitaus größten Teil des Inhalts der Ţora aus eigener Anschauung.
Die Kennzeichnung des Moses als den einzigen Verfasser bezweckt zudem bis heute das Annehmen einer grundlegenden literarischen Einheit der Ţora. Jedoch kann zuzugeben werden, dass wohl Josua den Bericht vom Tod des Moses[52] als Abschluss anfügte. Die über Jahrhunderte durch Rabbiner durchgeführten Aktualisierungen veralteter Ortsbezeichnungen, im Laufe der schriftlichen Überlieferung der Ţora, wurden als gerechtfertigt angesehen, weil die Ţora immer „auf dem neuesten Stand" bleiben sollte. Für Qabalisten ist dieses eher hinderlich, denn die Änderung der Ortsbezeichnungen oder Namen wurde nicht immer unter Rücksichtnahme qabalistischer Vorgaben durchgeführt. Diese Vorgehensweise der Aktualisierung endete mit der Niederschrift der Masora (6. Jahrhundert n.u.Z.).
All diese Eigenschaften bestätigen den ägyptischen Hintergrund des Verfassers der Ţora. In den zahlreichen exakten und stets zutreffenden Beschreibungen des Landes Ägypten, seiner Geographie, Institutionen, Sitten, Geschichte, Tier- und Pflanzenwelt, in der Verwendung ägyptischer Eigennamen und Worte, die in der Regel ägyptische Gegenstände bezeichnen und erst später Bestandteil des hebräischen Sprachschatzes wurden, in dem Gebrauch der ägyptischen Mythologie, denn der ägyptische Hintergrund der Ţora ist nicht zu leugnen, und in der Erzählperspektive, wonach der Autor sich außerhalb des gelobten Landes befindet.
Berücksichtigt man die zuvor erwähnten Eigenarten der Ţora, dann kann man sich dem Urteil nicht verschließen, dass Moses die geistigen, biographischen und literarischen Voraussetzungen für eine Verfasserschaft in sich vereinigt.
Es gibt auch Beweise in der Ţora selbst. Die Beweisstellen umfassen direkte Schreibbefehle Gottes an Moses[53] und Zeugnisse vom Schreiben Moses[54]. Darüber hinaus wird der Inhalt des 5. Buch Moses ausdrücklich auf Moses zurückgeführt[55]. Bestimmte Wendungen lassen den Schluss zu, dass Moses auch für die Niederschrift anderer Teile der Ţora zuständig war, zumal mehrfach gesagt wird, dass er in ein Buch schrieb.
Der prophetische Charakter der Ţora spricht insbesondere für Moses als Autor. Die Prophetenformel *Und der Herr sprach zu Moses* (über 150mal) leitet meist umfangreiche Gottesworte mit Moses als alleinigen Hörer ein. Am deutlichsten wird dies wohl im 3. Buch Moses sichtbar, wo fast alle Kapitel mit dem Satz beginnen: *Und der Herr sprach zu Moses.* Manche Kapitel enthalten

---

[52] Zitat aus der Luther-Bibel: 5. Buch Moses 34,5-12
[53] Zitate aus der Luther-Bibel: 2. Buch Moses 17,14; 34,27; 5. Buch Moses 28,58; 31,24
[54] Zitate aus der Luther-Bibel: 2. Buch Moses 24,4; 4. Buch Moses 33,2; 5. Buch Moses 31,9 und 22 und 24
[55] Zitate aus der Luther-Bibel: 5. Buch Moses 1,1-5; 4,44 f

ganze Sammlungen solcher Gottesworte. Die ganze Ţora zeigt ein starkes und einheitliches Bewusstsein, denn:

1. Das Buch des Gesetzes des Moses lag bereits unmittelbar nach dem Tod des Moses[56] vor und bildete die Handlungsgrundlage der Israeliten unter Josua und darüber hinaus in der gesamten alttestamentlichen Periode.
2. Alle Propheten des Alten Testaments beziehen sich auf das Gesetz des Moses, egal ob es sich um ethische, historische oder prophetische Teile der Ţora handelt.
3. Das unter Josia ca. 612 v.u.Z. bei der Tempelrenovierung aufgefundene Gesetzbuch wird eindeutig dem Moses[57] zugeschrieben und ist demnach nicht erst in jener Zeit entstanden.
4. Das Alte Testament sieht das Gesetz des Moses als Einheit, wobei von späteren Ergänzungen, Redaktionen etc. nichts berichtet wird. Auch wird nirgends im Alten Testament für irgendeinen Teil der Ţora ein von Moses zu unterscheidender Verfasser erwähnt oder nahe gelegt, sondern immer und ausschließlich von Moses als dessen Urheber ausgegangen.

Im Neuen Testament finden sich ebenfalls Belegstellen zugunsten der Verfasserschaft der Ţora durch Moses. Dieser Tatbestand wird meist mit dem Einwand zu entschärfen versucht, dass Jesus lediglich die Meinung des Judentums übernommen habe und sie entweder nicht als fehlerhaft erkannte oder nicht widerlegen wollte. Diese Auffassung widerspricht aber dem Christusbild des Neuen Testaments. Die Annahme, dass Jesus die wahren Entstehungsverhältnisse der Ţora nicht gekannt hätte, ist mit seiner theologischen Kompetenz[58] unvereinbar. Jesus scheute keine Diskussion, wenn es um die Wahrheit ging. [59]
Moses, also der Verfasser seiner fünf Bücher, hat die Ţora so angelegt, dass in ihr alles enthalten ist, was dem Menschen auf den Weg zurück zum paradiesischen Urzustand und dadurch zu Gott enthalten ist. Sie ist vierlagig angelegt worden. Sie hat eine offensichtliche (geschichtliche) Lage (**פשט**), die Peşat genannt wird. Sie hat eine hinweisende (**רמז**) Lage, die Remez genannt wird. Sie hat eine deutende (**דרש**), die Dereş und eine geheime Lage (**סוד**), die Sod genannt werden. Der vierte Buchstabe des Wortes Pardes ist also das S, denn auf Hebräisch wird Pardes PRDS geschrieben. S steht für Sod, was Geheimnis bedeutet. Pardes ist die hebräische Bezeichnung für Obstgarten.

---

56 Zitate aus der Luther-Bibel: Josua 1,7; 8,31; 22,5; 23,6
57 Zitat aus der Luther-Bibel: 2. Chronik 34,14
58 Zitate aus der Luther-Bibel: Johannes 1,18; 7,16 f
59 Zitate aus der Luther-Bibel: Matthäus 15,3; 22,29

Vor langer Zeit erkannten unsere Lehrer, dass die Tora wie ein wunderschöner Obstgarten ist. Aus der Entfernung sieht man nur ein Stück Land mit Bäumen. Wenn man näher kommt, sieht man, dass jeder Baum Blätter, Blüten und Früchte trägt. Wenn man noch näher kommt, stellt man fest, dass jede Frucht mit einer Haut bedeckt ist. Und, wenn man nicht locker lässt und die Haut abstreift, ist ein köstlicher Geschmack unser Lohn. Jetzt erkennst du, dass etwas, was zunächst nur ein Stück Land voll mit Bäumen zu sein schien, tatsächlich Schicht für Schicht köstliche Dinge birgt. (Buch der Wunder)

Der Buchstabe ס (Samek̦ steht für Sod) ist jene von den vier Lagen (Schichten) der Ţora, die zur Qabala führt ...

Zwei Richtungen eines Monotheismus

Als das Volk Israel die männlich-weibliche Vorstellung aus seiner Umgebung aufnahm, ergab sich ein Problem, denn ihr Gott sollte der eine und einzige sein. Die ägyptischen Gottheiten hingegen traten paarweise auf. Der Übergang vom Polytheismus zum Monotheismus war mühsam, doch der ägyptisch geschulte Moses ging einen interessanten Lösungsweg. Er unterschied zwischen zwei Namen der nun einen und einzigen Gottheit, nämlich **אלהים** (ELoHIM ausgesprochen) und **יהוה** (JAWE ausgesprochen). In der Ţora gibt es zwei Richtungen, die *jawistische* und die *elohimsche.*
Das unter Moses von Ägypten nach Israel wandernde Volk hatte seine nomadischen Gottheiten, von denen es nicht so leicht abließ. Da aus der Bibel nur ein Zeugnis eines anderen Gottes während der Wanderung zu finden ist, nämlich das *Goldene Kalb* [60], können wir heute nichts Näheres zu den unterschiedlichen Gottheiten sagen. Man geht schließlich davon aus, dass die israelitischen Sklaven in Ägypten auch ägyptische Gottheiten verehrten. Zur gleichen Zeit waren in Kanaan, bei ihren semitischen Verwandten, die Gottheiten Baal und Astarte sehr beliebt.
Auch gab es die El-Gottheiten, die im Himmel weilten und heute an Beschreibungen von Engel erinnern. Vielleicht gab es Verbindungen im Glauben zwischen den Kanaanitern und den Israeliten. Denn aus der Geschichte ist bekannt, dass nomadische Stämme ihre Götter selbst bei Änderung der Lebensumstände beibehielten. Insbesondere ist das bei den Israeliten bekannt. (Karl-Heinz Ohlig)
Den Gott Jawe lernte das wandernde Volk bereits im Umfeld Ägyptens kennen. Jawe muss, wie die Bibel darstellt, ein Berg- und Vulkangott gewesen sein. Denn für seine Offenbarungen rief er Moses (beispielsweise) auf einen Berg (Sinai) oder er sprach durch Wolkensäulen und Feuer. Er wurde also – anders als die nomadischen Gottheiten – an einem festen Ort verehrt.

---

60 Zitat aus der Luther-Bibel: 2. Buch Moses 32,4

Als die Israeliten das ägyptische Hoheitsgebiet verließen, nahmen sie Jawe mit. Sie nahmen ihn in einem Vehikel mit, wobei ihm (Jawe) Überbleibsel seines früheren Territorialanspruchs (Sinai) erhalten blieben, symbolisiert in der Stiftshütte und in der Bundeslade. Die Bundeslade ist ein transportabler Thronsessel oder ein Vehikel für den Transport Gottes. Das Miteinander von sesshaften und nomadischen Zügen Jawes dürfte der Grund dafür gewesen sein, dass der Monotheismus im Zuge der Landnahme (Kanaan) und der beginnenden Sesshaftigkeit sich durchsetzte. Jawe war jetzt Berg- und Hirtengott zugleich. Er war mit diesen Zweifacheigenschaften – nomadisch und sesshaft – besser in der Lage, die neuen Lebensumstände religiös zu steuern.
Allmählich setzte sich der Glaube an Jawe durch und drängte in Kanaan die Bedeutung von Baal und Astarte zurück. Jawe bekam sogar die Zuständigkeit für die Landwirtschaft zugesprochen. Da die bereits bekannten El-Gottheiten im Himmel residierten und mit ihnen keine solchen Fruchtbarkeitspraktiken verknüpft waren, konnten sie einfach mit dem Glauben an Jawe verwachsen. Jawe erhielt sogar einen neuen Namen. Er wurde zu Jawe Elohim, dem Inbegriff aller El-Gottheiten. Wie sie residierte er jetzt im Himmel, was die Vorstellungen von Transzendenz und Göttlichkeit vertieften.
Den Namen **יהוה** (JAWE ausgesprochen) erfuhr Moses vor dem brennenden Dornenbusch, als er die Schafe seines Schweigervaters hütete.[61] Man mag aus der Art des Zwiegespräches erkennen, dass Gott seinen Namen nicht preisgeben wollte. Gott hat dem Menschen nie seinen wahren Namen verraten – bis heute nicht. Dies hat auch eine ganz besondere Bewandtnis. Die ägyptische Mythologie erklärt nämlich, dass der wahre und verborgene Name eines jeden Gottes der Schlüssel zu seiner Macht ist. Oder dass man durch den wahren Namen Gewalt über einen Gott erhalten kann. Dies konnte weder Gott noch sein treuester Anhänger Moses zulassen. Diese Auffassung aus der ägyptischen Mythologie findet sich ebenfalls in der Qabala. Schon seit der chaldäischen und sumerischen Antike war der Name eines Gottes der Schlüssel zur Befehlsgewalt über diesen Gott und seiner ihm unterstellten Heerscharen. Der Qabalist, der den geheimen Namen Gottes kennt (und richtig auszusprechen weiß), ist in der Lage Götter, Dämonen, Geister und Engel zu beherrschen. Diese Auffassung findet sich auch im Neuen Testament wieder:

Da er aber Jesus sah von ferne, lief er zu ihm und fiel vor ihm nieder, schrie laut und sprach: „Was habe ich mit dir zu tun, o Jesu, du Sohn Gottes, des Allerhöchsten? Ich beschwöre dich bei Gott, daß du mich nicht quälest!" Denn er sprach zu ihm: „Fahre aus, du

---

[61] Zitat aus der Luther-Bibel: 2. Buch Moses 3,1–17

unsauberer Geist, von dem Menschen!" Und er fragte ihn: „Wie heißt du?" Und er antwortete und sprach: „Legion heiße ich; denn wir sind viele." Und er bat ihn sehr, daß er sie nicht aus der Gegend triebe. Und es war daselbst an den Bergen eine große Herde Säue auf der Weide. Und die Teufel baten ihn alle und sprachen: „Laß uns in die Säue fahren!" Und alsbald erlaubte es ihnen Jesus. Da fuhren die unsauberen Geister aus und fuhren in die Säue; und die Herde stürzte sich von dem Abhang ins Meer (ihrer waren aber bei zweitausend) und ersoffen im Meer. Und die Sauhirten flohen und verkündigten das in der Stadt und auf dem Lande. Und sie gingen hinaus, zu sehen, was da geschehen war, und kamen zu Jesu und sahen den, der von den Teufeln besessen war, daß er saß und war bekleidet und vernünftig, und fürchteten sich. [62]

Im Koran in der 2. Sure „Al-Baqarah" wird diese ägyptische Auffassung der „Namensabhängigkeit" unterstrichen:

Und als dein Herr zu den Engeln sprach: «Ich will einen Statthalter auf Erden einsetzen», sagten sie: «Willst Du denn dort solche Wesen haben, die darauf Unfrieden stiften und Blut vergießen? - und wir loben und preisen Dich und rühmen Deine Heiligkeit.» Er antwortete: «Ich weiß, was ihr nicht wißt.» Und Er lehrte Adam alle Namen; dann stellte Er (die Benannten) vor die Engel hin und sprach: «Nennt Mir ihre Namen, wenn ihr im Recht seid.» Sie sprachen: «Heilig bist Du! Wir haben kein Wissen außer dem, was Du uns gelehrt hast; wahrlich, Du allein bist der Allwissende, der Allweise.» Er sprach: «O Adam, nenne ihnen ihre Namen»; und als er ihnen ihre Namen genannt hatte, sprach Er: «Habe Ich euch nicht gesagt: Ich weiß die Geheimnisse der Himmel und der Erde, und Ich weiß, was ihr offenbart und was ihr verhehlt? [63]

Die zweite Richtung der Ṭora ist die elohimsche. Der Name Elohim (**אלהים**) bedeutet im ursprünglichen Bibeltext *Göttiner*, nicht Gott (männliches Singular). Das Wort ELoHIM ist aber ein Plural aus dem weiblichen Singular ELH mit der maskulinen Pluralendung IM. Das gibt dem Wort ELoHIM die Bedeutung einer Vereinigung von männlich und weiblich. Im Deutschen würde eine korrekte Übersetzung von ELoHIM *Göttiner* lauten, der weibliche Singular *Göttin* mit der männlichen Pluralendung *er.* Die Mehrzahl des Wortes EL (**אל**) ist ELIM (**אלים**) und nicht ELoHIM (**אלהים**). Die Zufügung des mittleren Buchstabens Héh (**ה**) ist beabsichtigt und deutet auf eine tiefere Bedeutung hin. ELoHIM (**אלהים**) ist nicht nur eine simple Mehrzahlform.
Geschichtlich festigen sich beide Richtungen (jawistische und elohimsche) im 7. Jahrhundert (v.u.Z.). Im jenem Jahrhundert konnte sich nämlich die Stadt Babylon vom assyrischen Joch befreien und ein eigenes Großreich gründen,

[62] Zitat aus der Luther-Bibel: Markus 5,6-15
[63] Zitat aus dem Koran: 2. Sure „Al-Baqarah" 30-33

das sich bald auch Ägypten beugen musste. Im Zuge dieser Ausweitung des Reichs kam es am Ende des Jahrhunderts auch zur Eingliederung Israels in den babylonischen Staatsverband. Nach mehreren Aufständen um das Jahr 586 (v.u.Z.) wurde schließlich Jerusalem erobert und zerstört. Die Babylonier deportierten die Ober- und Mittelschicht[64] und siedelten sie in Mesopotamien an, wo sie in großen geschlossenen Siedlungen lebten. (Israel Finkelstein)
Der Glaube an Jawe wurde durch das Exil zu einem Glauben unter vielen, denn in Babylon erschien unter den unzähligen unterschiedlichen Religionen der eigene Jawe-Kult nur noch als eine Variante von vielen.
Die Wahrnehmung der Israeliten zu ihrem Glauben änderte sich. Es setze die Relativierung der eigenen religiösen Besonderheit ein, die jetzt eine Variante unter vielen war. Zwar verehrte man in aller Regel die eigenen Gottheiten weiterhin, aber die religiöse Idee relativierte sich. (Karl-Heinz Ohlig)
Eine von Plutarch[65] vertretene Idee lautet, dass Sonne und Mond allen Kulturen gemeinsam sind, aber unterschiedlich benannt werden. Er unterstellt, dass es nur eine göttliche Kraft oder Vorsehung gibt, auch wenn sie bei den verschiedenen Völkern unterschiedliche Götternamen trägt. Um diese Sichtweise übernehmen zu können, musste man sich klarmachen, dass nicht die unverwechselbaren Merkmale der heimischen Götter wichtig waren, sondern nur die hinter und in allen unterschiedlichen Gottheiten wirksame göttliche Kraft oder Vorsehung.
Seit dem Exil setzte sich der Monotheismus im Judentum durch, aber es gab auch noch die Vorstellung, dass Jawe gewissermaßen eine Schar von Gottheiten (Heerscharen) anführe[66] oder noch eine zweite göttliche Gestalt[67] (Engel des Bundes) oder die Weisheit oder auch zwei Engel (Michael und Gabriel) neben sich hat. Erst seit der jüdischen Reform im 2. Jahrhundert n.u.Z., die als Reaktion auf die Niederlage gegen Rom und die Zerstörung des zweiten Tempels (70 n.u.Z.) notwendig wurde, scheint sich überall ein strikter Monotheismus durchgesetzt zu haben. Der Monotheismus gehört zum Erbe des Christentums und des Islams.

---

64 Zitat aus der Luther-Bibel: 2. Könige 24, 14
65 Plutarch (45– 125 n.u.Z.) griechischer Autor zahlreicher philosophischer Schriften.
66 Zitat aus der Luther-Bibel: Psalm 82
67 Zitat aus der Luther-Bibel: Daniel 7, 9-14

Die Zehn Gebote

Die erste Säule des Studiums der Qabala ist der Glaube an Jawe Elohim, an die Ṭora und an die Zehn Gebote. Sei nochmals erklärt, dass der Begriff *Gott* und Umschreibungen ohne jegliche religiöse Beschränkung in dieser Arbeit steht. Jeder hat seine Vorstellung über seinen Gott und dieses Buch steht in der Tradition der Qabala, die dem Monotheismus geweiht wurde. Die Ṭora wurde bereits besprochen und in den nächsten zwei Kapiteln werden die anderen beiden wichtigsten Bücher des Judentums - Talmud und Zohar - besprochen. Die Zehn Gebote (**עשרת הדברים** ausgesprochen ÄŠeReṬ HaDeBaRIM) benötigen aber einer selbstständigen kurzen Erläuterung.
Die erstmalige Gewahrwerdung der Zehn Gebote findet nicht erst während der 40igjährigen Wanderung des Volkes Israel durch die Wüste statt[68], sondern sie tritt bereits bei Adam auf. Das erste Gebot lautete:

Du sollst essen von allerlei Bäumen im Garten; aber von dem Baum der Erkenntnis des Guten und des Bösen sollst du nicht essen; denn welches Tages du davon ißt, wirst du des Todes sterben. [69]

Als dieses Gebot überschritten wurde, wartete Gott – laut der Ṭora – zehn Generationen (von Adam bis zu Noah) ab und bereute dann mit folgenden Worten, dass er den Menschen erschaffen hatte:

Ich will die Menschen, die ich gemacht habe, vertilgen von der Erde, vom Menschen an bis auf das Vieh und bis auf das Gewürm und bis auf die Vögel unter dem Himmel; denn es reut mich, daß ich sie gemacht habe. [70]

Nach der Sintflut erließ er sieben Gebote an die Nachkommen Noahs, die für die gesamte Menschheit galten, denn Noah wird im Judentum als Vater der Menschheit angesehen. Im Babylonischen Talmud steht folgendes:

Unsere Meister lehrten: Sieben Gebote wurden den Nachkommen Noahs geboten: In bezug auf Rechtspflege, Lästerung des Namens, Götzendienst, Unzucht, Blutvergießen, Raub und ein Stück von einem lebenden Tier.
Rabbi Chananja, Gamlas Sohn, sagt dazu: Das gilt auch für das Blut eines lebenden Tieres. Rabbi Chidka sagt dazu: Das gilt auch für die Kastration. [...] [71]

---

68 Zitat aus der Luther-Bibel: 1. Buch Moses 20,2-17
69 Zitat aus der Luther-Bibel: 1. Buch Moses 2,16-17
70 Zitat aus der Luther-Bibel: 1. Buch Moses 6,7
71 Zitat aus dem Babylonischen Talmud: Sanhedrin 56 a/56 b

Der Bund, den Gott mit Noah einging, hatte eine Vereinbarung zugrunde nämlich, dass keine weitere Sintflut über die Menschheit käme, wenn eben diese sieben Gebote eingehalten werden würden. Der Regenbogen besiegelte den Vertrag zwischen Gott und allen lebendigen Seelen auf der Erde:

Darum soll mein Bogen in den Wolken sein, daß ich ihn ansehe und gedenke an den ewigen Bund zwischen Gott und allen lebendigen Seelen in allem Fleisch, das auf Erden ist. [72]

Die an Noah gerichteten sieben Gebote waren für die ganze Menschheit bestimmt. So wird im Judentum ein nicht jüdischer Mensch, der sich an diese sieben Gebote hält als *Gerechter* (צדיק ausgesprochen ŦaDIQ) bezeichnet. Interessant ist hier, dass auch das Buch Bahir von sieben Welten (Sefiroţ) spricht, bevor der Zohar (1280 n.u.Z.) ein Jahrhundert später dieses Konstrukt auf zehn Welten erweitert. Das Buch der Schöpfung spricht von 3, 7, 10 und 12 Sefiroţ. Im zweiten Band dieser Reihe (Säule ש) wird erläutert werden, wie die zehn Sefiroţ des qabalistischen Baum des Lebens in Bezug zu den Zehn Geboten gesetzt wurden.
Über zwei Jahrtausende nach Adam kam Moses auf die Bühne der jüdischen Geschichtsschreibung und er erhielt laut dem Babylonischen Talmud nicht nur die Zehn Gebote, sondern die gesamte Ţora auf dem Berg Sinai.

1.	Du sollst keine anderen Götter haben neben mir.
2.	Du sollst den Namen des Herrn, deines Gottes, nicht missbrauchen.
3.	Gedenke des Sabbattages, dass du ihn heiligest.
4.	Du sollst deinen Vater und deine Mutter ehren.
5.	Du sollst nicht töten.
6.	Du sollst nicht ehebrechen.
7.	Du sollst nicht stehlen.
8.	Du sollst nicht falsch Zeugnis reden wider deinen Nächsten.
9.	Du sollst nicht begehren deines Nächsten Haus.
10.	Du sollst nicht begehren deines Nächsten Weib, Knecht, Magd, Rind, Esel noch alles, was dein Nächster hat.

Das 2. Buch Moses (32,15 f) berichtet von zwei steinernen Gesetzestafeln, auf die Gott selbst alle bisher offenbarten Gebote eingraviert habe. Um wie viele Gebote es sich wirklich handelte, wird in der Ţora nicht verraten. Diese Tafeln wurden dann im Zorn durch Moses zerbrochen (32,19 f), weil sich das Volk Israel während seiner Abwesenheit gegen Gott gewandt hatte. Dann stieg

[72] Zitat aus der Luther-Bibel: 1. Buch Moses 9,16

Moses erneut auf den Berg Sinai und erhielt den Auftrag selbst neue Tafeln anzufertigen, von denen es heißt:

Und er schrieb auf die Tafeln die Worte des Bundes, die Zehn Worte. [73]

Erst an dieser Stelle in der Ṭora wird die Bezeichnung *Zehn Worte* benutzt. Hier tritt die talmudische Tradition einer Zweiteilung der Zehn Gebote auf, nämlich in einen auf das Verhalten zu Gott bezogenen Teil (1. bis 3. Gebot) und einen auf das Verhalten untereinander bezogenen Teil (4. bis 10. Gebot). In der Ṭora gibt es aber auch eine weitere Version der *Zehn Worte* an das Volk Israel. Die zweite Version befindet sich im 5. Buch Moses[74] und hat eine feinere Aufteilung einzelner Gebote. Dort sind es insgesamt zwölf Gebote:

1.	Verflucht sei, wer einen Götzen oder ein gegossenes Bild macht, einen Greuel des Herrn, ein Werk von den Händen der Werkmeister, und stellt es verborgen auf!
2.	Verflucht sei, wer seinen Vater oder seine Mutter unehrt!
3.	Verflucht sei, wer seines Nächsten Grenze verengert!
4.	Verflucht sei, wer irgend bei einem Vieh liegt!
5.	Verflucht sei, wer einen Blinden irren macht auf dem Wege!
6.	Verflucht sei, wer das Recht des Fremdlings, des Waisen und der Witwe beugt!
7.	Verflucht sei, wer bei seines Vaters Weibe liegt, daß er aufdecke die Decke seines Vaters!
8.	Verflucht sei, wer bei seiner Schwester liegt, die seines Vaters oder seiner Mutter Tochter ist!
9.	Verflucht sei, wer bei seiner Schwiegermutter liegt!
10.	Verflucht sei, wer seinen Nächsten heimlich erschlägt!
11.	Verflucht sei, wer Geschenke nimmt, daß er unschuldiges Blut vergießt!
12.	Verflucht sei, wer nicht alle Worte dieses Gesetzes erfüllt, daß er darnach tue!

Jesus nimmt den einen Teil der Gebote und ersetzt sie durch das Gebot *Du sollst deinen Nächsten lieben wie dich selbst.*[75] Das Prinzip ist simpel, wer seinen Nächsten liebt wie sich selbst, der kommt nicht in Versuchung eines der sieben Gebote zu übertreten. In Neuen Testament heißt es:

---

73 Zitat aus der Luther-Bibel: 2. Buch Moses 34,28

74 Zitat aus der Luther-Bibel: 5. Buch Moses 5,6-21

75 Zitat aus der Luther-Bibel: Matthäus 19,19

Denn was da gesagt ist: „Du sollst nicht ehebrechen; du sollst nicht töten; du sollst nicht stehlen; du sollst nicht falsch Zeugnis geben; dich soll nichts gelüsten", und so ein anderes Gebot mehr ist, das wird in diesen Worten zusammengefaßt: „Du sollst deinen Nächsten lieben wie dich selbst."[76]

Jesus geht noch einen Schritt weiter und ersetzt die Zehn Gebote durch das Gebot der Nächstenliebe und durch das Gebot der Gottesliebe:

Meister, welches ist das vornehmste Gebot im Gesetz? Jesus aber sprach zu ihm: „Du sollst lieben Gott, deinen Herrn, von ganzem Herzen, von ganzer Seele und von ganzem Gemüte." Dies ist das vornehmste und größte Gebot. Das andere aber ist ihm gleich: „Du sollst deinen Nächsten lieben wie dich selbst." In diesen zwei Geboten hängt das ganze Gesetz und die Propheten.[77]

Im Koran in der Sure 7 „Al-Aàraf" wird die Anzahl der Gebote ebenfalls nicht genannt, aber deren Auswirkungen stark erweitert:

Wir schrieben für ihn auf die Tafeln über jegliches Ding - eine Ermahnung und eine Erklärung von allen Dingen: „So halte sie fest und heiße dein Volk das Beste davon befolgen. [...]"[78]

Eine Erweiterung, denn auf den Tafeln stand laut dem Koran *über jegliches Ding – eine Ermahnung und eine Erklärung von allen Dingen.*
Kehren wir nach diesem kurzen theologischen Exkurs zu den Zehn Geboten zurück zur Qabala. Die praktische Befolgung der *Zehn Worte* im täglichen Leben macht einen Qabalisten, einen Meister der Qabala, aus.

Der Talmud - Das zweite Buch

Das zweite wichtigste Buch im Judentum ist der Talmud. Der Talmud liegt in zwei Ausgaben vor. Nach Umfang und inhaltlichem Gewicht ist der Talmud Bavli – also der Babylonische Talmud – das aussagekräftigere Werk. Er entstand in den relativ großen, geschlossenen jüdischen Siedlungsgebieten, die nach der Zerstörung Jerusalems durch Nebukadnezar II. (586 v.u.Z.) im judenfreundlicheren Perserreich existierten, genauer gesagt im Gebiet des heutigen Irak. Die Entstehungszeit des Talmud Bavli liegt zwischen dem 6. und 5. Jahrhundert (v.u.Z.). *Talmud* bedeutet aus dem Hebräischen *Lehre* bzw. *mündliche Lehre.* Dieses Werk ist die Niederschrift von Geschichten, Gesetzen,

---

[76] Zitat aus Luther-Bibel: Römer 13,9
[77] Zitat aus Luther-Bibel: Matthäus 22,36-40
[78] Zitat aus dem Koran: Sure 7 „Al-Aàraf" 145

Geboten und Verboten, die nur teilweise auf Anhieb aus der Ţora ersehen werden können.
Der Babylonische Talmud entstand in einem mehrhundertjährigen mündlichen und schriftlichen Überlieferungsprozess und ist das Ergebnis der Sammel- und Lehrtätigkeit der rabbinischen Akademien Babyloniens. Babylonien, weil es zu der Zeit geschrieben wurde, als ein Teil des Volkes Israel das Gelobte Land verlassen musste und ins Exil dorthin deportiert wurde. Das Volk war orientierungslos, so dass von der Führungsschicht befürchtet wurde, dass die jüdische Kultur sich über kurz oder lang unwiederbringlich in das Perserreich integrieren könnte. Der Babylonische Talmud entstand als Anker der jüdischen Kultur in einer mitreißenden Flut persischer Machtfülle. Er entstand also aus Angst, dass die jüdische Kultur verloren gehen könnte. Der Talmud Bavli beginnt mit folgenden Sätzen:

Moses empfing die Tora, die Gotteslehre, am Berge Sinai in seiner schriftlichen und mündlichen Gestalt. Die schriftliche Lehre enthielt die nach ihm genannten fünf Bücher. In der mündlichen Lehre, dem Talmud, war alles angedeutet, was die maßgebenden Schriftgelehrten in der Folgezeit von der schriftlichen Tora ableiten würden und überlieferte sie dem Josua.

Es mag verwirrend klingen, dass Moses die Ţora am Berg Sinai und nicht nur die Zehn Gebote dort erhalten haben soll. Diese Aussage kann auch als ein rabbinischer Versuch gedeutet werden, die mündliche Lehre, den Talmud, zu legitimieren und gleichzeitig ihr (der mündlichen Lehre) ein hohes Ansehen zuzueignen. Die Ţora fordert auf:

Und diese Worte, die ich dir heute gebiete, sollst du zu Herzen nehmen und sollst sie deinen Kindern einschärfen und davon reden, wenn du in deinem Hause sitzest oder auf dem Wege gehst, wenn du dich niederlegst oder aufstehst, und sollst sie binden zum Zeichen auf deine Hand, und sollen dir ein Denkmal vor deinen Augen sein, und sollst sie über deines Hauses Pfosten schreiben und an die Tore. [79]

Josua soll „diese Worte", die er von Moses erhielt, an die Ältesten, die zur Zeit der Richter das Volk regierten, überliefert haben. Mit ihnen endete die erste Epoche der mündlichen Überlieferungen. Die Geschichte des jüdischen Volkes spaltet sich in ein biblisches und in ein talmudisches Zeitalter. Das biblische Zeitalter endet mit dem babylonischen Exil. Das talmudische Zeitalter zerfällt wiederum in vier Epochen.

---

[79] Zitat aus der Luther-Bibel: 5. Buch Moses 6,6-9

Die erste talmudische Epoche endet mit der Zerstörung des zweiten Tempels (70 n.u.Z.) durch die Römer. Die Gelehrten werden in dieser Epoche *Sekenim harischonim*, die früheren Ältesten, *Chakamim*, die Weisen und *Rabbanan*, unsere Herren (Einzahl *Rabbi*, mein Herr) genannt. Sie lebten in Israel.
Die zweite Epoche schließt mit dem Ende des 2. Jahrhunderts n.u.Z. ab, als die „Mischna" abgefertigt wurde. Sie führten neben den Bezeichnungen *Sekenim*, *Chakamim* und *Rabbanan* die Hauptbezeichnung *Tannaim*. Sie lebten auch fast ausschließlich in Israel. Sie befassten sich hauptsächlich mit dem Gesetzesstoff (Halaka) und wollten ihn (den Gesetzesstoff) in einem Kodex zusammenfassen. Dieser Kodex wird heute *Mischna* genannt.
Die dritte Epoche ging im 5. Jahrhundert n.u.Z. mit der Niederschrift der Endfassung des Babylonischen Talmuds zu Ende. Die Lehrer dieser Epoche zerfielen in zwei Gruppen. Die eine Gruppe setzte ihre Tätigkeit in Israel fort und die andere Gruppe wanderte nach Babylonien aus. Beide arbeiteten unabhängig voneinander an der Schaffung einer Erklärung zur Mischna (Gemara). Sie wurden *Amoraim* genannt. Der Babylonische Talmud ist also u.a. die Zusammenfassung der Auslegungen, Anwendungen und Weiterbildungen des mosaischen Gesetzes, durch die Anweisung Gottes an Adam über Moses fortgeführt und auf Josuas Geheiß fast ein Jahrtausend lang am Leben gehalten. Der Babylonische Talmud wurde im 6. Jahrhundert v.u.Z. begonnen und im 5. Jahrhundert n.u.Z. fertig gestellt. Das vierte talmudische Zeitalter ragt bis in die Gegenwart hinein.
Daneben steht der erheblich kürzere Talmud, nämlich der Jerusalemer Talmud, dieser entstand (wie der Name schon sagt) in Israel. Das israelische Werk ist bis heute nicht zu großer Geltung gelangt. Der Babylonische Talmud hingegen beherrschte bis zum Ausgang des 18. Jahrhunderts das ganze Judentum. Noch gegenwärtig wird er in allen orthodoxen Gemeinden studiert. Wenn einfach vom Talmud gesprochen wird, ist in der Regel der Babylonische Talmud – also der Talmud Bavli – gemeint.

Der Zohar - Das dritte Buch

Das dritte Buch ist der ZoHaR (זהר geschrieben), das heilige Buch der Qabala. Obwohl die erste Publikation dieses Buches im 13. Jahrhundert n.u.Z. durch Moshe de Leon[80] in Spanien erfolgte, so ist dies nicht die tatsächliche Entstehungszeit des Buches des Glanzes. *Zohar* bedeutet aus dem Hebräischen *Glanz* und *Das Buch Zohar* heißt auf Hebräisch *SeFeR HaZoHaR* (ספר הזהר).

---

[80] Eigentlich Moshe ben Shem Tov de Leon (ca. 1250 in León – 1305 in Arevalo) war ursprünglich ein Anhänger des Maimonides und wurde später Qabalist. Er lebte unter anderem in Guadalajara und Avila. Ihm wird der größte Teil des Zohars zugeschrieben. Man weiß man recht wenig über seine Person.

Und die Verständigen werden leuchten wie der Glanz (זהר) der Himmelsfeste, und die, welche die Vielen zur Gerechtigkeit weisen, wie die Sterne, immer und ewiglich. [81]

Rabbi de Leon gab das Buch nicht als sein eigenes Werk aus, sondern als das eines gewissen Shimon Bar Jochai. Rabbi Shimon Bar Jochai war ein Schüler des Rabbi Akiba. Rabbi Akiba und mehrere seiner Anhänger wurden zu seiner Zeit (2. Jahrhundert n.u.Z.) durch die Römer verfolgt und getötet, nachdem der zweite Tempel in Jerusalem 70 n.u.Z. von den Römern zerstört wurde. Obwohl diese Aussage von Rabbi de Leon zu Beginn der Qabala-Forschung als werbewirksame Lüge hingestellt wurde, so zeigen die geschichtlichen Zusammenhänge, dass einzelne Schichten des Zohars tatsächlich in die Zeit um das 2. Jahrhundert n.u.Z. zurückdatierbar sind.
Zu bedenken ist, dass zur Zeit von Moshe de Leon im 13. Jahrhundert das Umfeld der spanischen Juden bzw. der europäischen Juden ein etwas zwiespältiges war. Sie trugen ihre Kultur, ihre Traditionen und ihre eigene Lebensart überall dorthin, wo sie sich auch ansiedelten. Weil sie sich zusammenrotteten und anscheinend etwas geheim hielten, verursachten sie automatisch Unmut in den jeweiligen Ländern ihrer Ansiedlung. Diesen Unmut kennen wir heute genauso – beispielsweise – bei den Freimaurern. Die Freimaurerei ist ein Männerbund mit esoterischen Richtlinien und initiativer Morallehre mit altruistischem Charakter. Freimaurer halten sich der Öffentlichkeit gegenüber sehr bedeckt und sie werden deshalb genauso skeptisch beäugt, wie sie im 1000jährigen Reich verfolgt und diskreditiert wurden. Dies galt im Dritten Reich für Juden, Freimaurer und Kommunisten gleichermaßen.
Allgemein betrieben Juden im Mittelalter Wucher bzw. sie verliehen Geld gegen Zinsen. Im 13. Jahrhundert waren die Juden als Kaufleute zwar geschätzt, so dass sie zu Beginn ihrer Ansiedlung der Wirtschaft Spaniens dienten, doch dann wurden sie zu Gejagten. Das Verleihen von Geld gegen Zinsen war in christlichen Kreisen verpönt.
Die Geschichte der Qabala, die zur Publikation des Zohars führte, geht aber weit über das 13. Jahrhundert hinaus. Er wurde also deshalb veröffentlicht, weil sich unter den spanischen bzw. europäischen jüdischen Gemeinden die Angst breit machte, dass bei den Verfolgungen und Vertreibung die Träger dieses Wissens sterben könnten.
Der Zohar ist viel älter und es wäre auch ziemlich überraschend, wenn zwischen der Fertigstellung des Talmuds und der Veröffentlichung des Zohars sich keine Spekulationen in rabbinischen Kreisen breit gemacht hätten. In den Anfängen der geschichtlich erfassbaren Qabala-Literatur, d.h. im 1. Jhdt.

[81] Zitat aus der Luther-Bibel: Daniel 12,3

(n.u.Z.), wurde bereits damit begonnen, die antiken qabalistischen Überlieferungen, die bei Abraham ihren Anfang genommen haben sollen, niederzuschreiben. Dies gilt aber nur für einen bestimmten Teil der Überlieferungen. Es sind Überlieferungen, die das geistige Leben beeinflussen. Diese Überlieferungen reglementieren nicht, wie die Überlieferungen des Talmuds, das alltägliche Leben. Es ist keine alltägliche Sicht von etwas, sondern eine innere Einstellung – eine Lebenshaltung.
Entstellt und verkompliziert wurde der Zohar durch die Vermischung eines nachgeahmten Aramäisch und Unmengen hebräischer Fremdwörter. Der Zohar erläutert verschiedene Stellen des Alten Testaments, wie auch der Talmud. Aber der Zohar – im Gegensatz zum Talmud – erläutert meist den Text bezogen auf die Sefiroţlehre, die im Buch der Schöpfung (2. - 6. Jahrhundert n.u.Z.) entwickelt wurde, dann im Buch Bahir auf sieben unter Sefiroţ basierte und schließlich im Zohar auf zehn Sefiroţ erweitert und weiterentwickelt wurde.
Die inhaltliche Struktur des Zohars wirkt ungeordnet und aus vielen Schichten und verschiedenen Quellen „zusammengeschustert". Im Zohar werden auch die Ideen über die Emanation Gottes vertieft, genauso wie die Spekulationen über das Ain-Sof (אין־סוף) und die Idee der Şekina (שכינה). Die Şekina ist die *Einwohnung Gottes in der Bundeslade oder im Allerheiligsten des Tempels.* Auf die Şekina kommen wir im dritten Band dieser Reihe noch einmal zu sprechen.
Als *Emanation Gottes* wird das sich Ausgießen Gottes in den leeren Raum durch zehn Antriebe (Sefiroţ) bezeichnet. Der leere Raum wird Ain Sof genannt. Es findet sich auch die Idee dreier Seelen im Menschen wieder (Neşama, Ruaĥ und Nefeş). Es wird die Seelenwanderung (Gilgul) angesprochen, die im Buch Bahir (1176 n.u.Z.) entwickelt und im Zohar weiterentwickelt wurde.

Die christliche Qabala

Die jüdische Qabala findet ihren geschichtlichen Ursprung in Palästina im 1. und 2. Jahrhundert n.u.Z. – explizit nach der Zerstörung des jüdischen Nationalheiligtums (70 n.u.Z.) durch die Römer. Das Christentum ist uneins. Es gibt mehr Christen, die an Jesus als Propheten, denn als fleischlichen Sohn Gottes, glauben. Viele mystische Ideen entwickeln sich. Insbesondere greift im 7. Jahrhundert n.u.Z. der junge Islam viele dieser Ideen auf, wobei die heimatlosen Juden die Verbreiter der mystischen Ideen bleiben. Sie kommen mit ihren Ideen und Vorstellungen, die sich im Islam niedergeschlagen haben, über das Mittelmeer nach Spanien.
Bereits zur Zeit der Publikation des Zohars versucht der Spanier Ramon Llullus[82] die Qabala mit christlichen Elementen zu verbinden. Die Qabalisten

[82] Ramon Lullus (1232-1316) katalanischer Philosoph und Theologe.

galten als Zauberer, die mit den zehn Zahlen (1-10) und den 22 Buchstaben ihres Alphabets Vorhersagen machen und Amulette und Zauberformeln herstellen konnten. Sie waren in der Lage wundertätige Dinge zu tun, weil sie um das Geheimnis der Schöpfung wussten. Die gesamte Schöpfung sei in den zehn Zahlen (1-10) und den 22 Buchstaben des Hebräischen Alphabets enthalten. Das Buch der Schöpfung (Sefer Jetira) legt Zeugnis davon ab.
Marsilio Ficino[83] verdankt der Eroberung Konstantinopels im Jahre 1453 durch islamische Heere die Wiederentdeckung des Neuplatonismus´ in Europa. Nachdem 700 lang in Italien kein Griechisch mehr gesprochen wurde, flohen Gelehrte aus Konstantinopel und Byzanz nach Italien. Dort begann man die alten griechischen Schriften ins Lateinische und Italienische zu übersetzen und sie dadurch zugänglich zu machen. Das Religionskonzept von Giovanni Pico della Mirandola[84] fußt auf Gedanken des Florentiner Neuplatonismus, die wiederum Ficino im 15. Jahrhundert formuliert hatte. Zugleich ist Pico della Mirandola – wie Ficino – von der jüdischen Qabala tief beeinflusst. Johannes Reuchlin[85] ist Pico della Mirandolas geistiger Schüler. Reuchlin, der große Pforzheimer Humanist, studiert zu Beginn des 16. Jahrhunderts die jüdische Qabala und als überzeugter Christ sucht er eine Versöhnung jüdischer, christlicher und sogar islamischer Vorstellungen. Sowie es der Katalane Ramon Llull bereits 200 Jahre vor seiner Zeit versucht hat.
Der Gedanke der Menschenwürde, der bei den Stoikern[86] seinen Anfang genommen hatte, wird durch die Humanisten des 15. und 16. Jahrhunderts aufgegriffen. Pico della Mirandola und Reuchlin beginnen die jüdische Qabala in ein christliches Denkmodell zu übertragen und bereichern zudem die Idee der Menschenwürde mit einer weiteren Nuance, nämlich mit dem Gedanken der Toleranz. Die Gedanken von Menschenwürde und Toleranz werden zu einem Teil der europäischen Kulturgeschichte, mit großen Auswirkungen.
Im 17. Jahrhundert wurden die rosenkreuzerischen Manifeste veröffentlicht. Eine Organisation, die es bis dahin gar nicht gab, wird plötzlich populär. Die christliche Qabala, die durch das Kreuz und die Rose dargestellt wird, wird zu einem Gedankengebäude zusammengefügt. In den Manifesten geht es um eine geistige Revolution. Die Manifeste sind an die Gelehrten Europas gerichtet und mit der Aufforderung verbunden, ihren verbohrten Geist zu öffnen. Zudem sollen besondere Kenntnisse (wahrscheinlich qabalistische), die der fiktive Gründer Frater Christian Rosencreutz (1378-1484) auf seinen Reisen gesammelt hatte, verbreitet und studiert werden.

---

83 Marsilio Ficino (1433-1494) italienischer Humanist und Philosoph.
84 Giovanni Pico della Mirandola (1463-1494) italienischer Humanist und Philosoph.
85 Johannes Reuchlin (1455-1522) deutscher Philosoph und Humanist.
86 Als „Stoa“ wird ein philosophisches Lehrgebäude ab 300 v.u.Z. bezeichnet.

Wie offenbarte sich Gott?

Gott selbst dachte man sich außerhalb der zehn Kräfte als allumfassend, unbegreiflich, unfassbar und für alle menschliche Vernunft verborgen, als unendlich und ewig, wohin die kühnsten Gedanken des Menschen nicht zu gelangen vermögen.

Vor allem Anfang war Gott ein in sich selbst ruhendes Wesen. Als es ihm aber gefiel, sich zu äußern, da offenbarte er sich durch die erste Sefira: die Krone (Keṭer). Er schuf durch die Offenbarung der Krone die „Zeit“. Er gab sich selbst den ersten Gottesnamen „EHeJE“, was „Ich werde sein.“ bedeutet. Jede Sefira ist an einen Gottesnamen gebunden. Gottes ganze Offenbarungen finden im *Ain Sof* (hebr. „Nichts“ oder „ohne Ende“) statt.

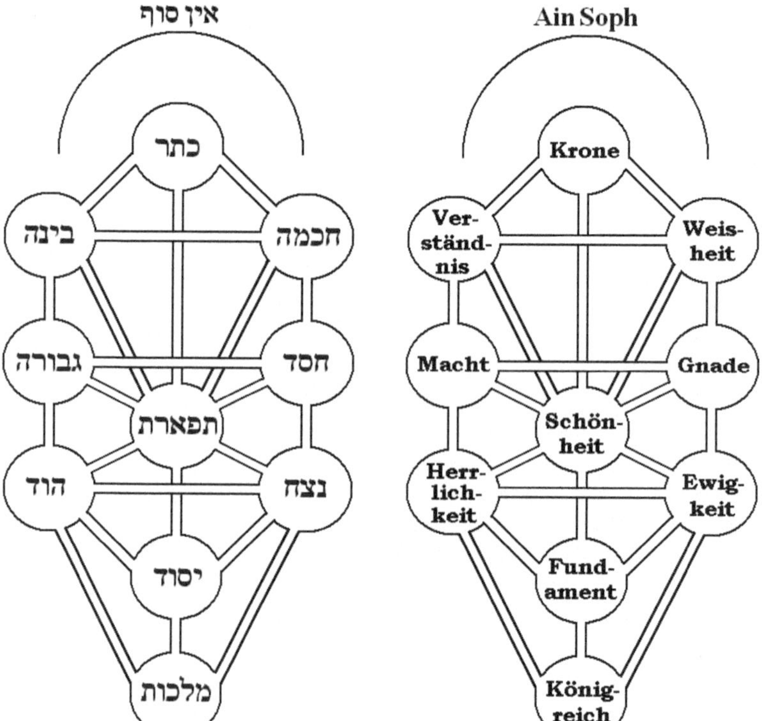

Das Ain Sof wird in den meisten qabalistischen Lehrarten als Ursprung der Offenbarung Gottes im Kosmos verstanden. Es kann als Urkosmos bezeichnet werden. Auch das Geschehen und die Entstehung der Galaxien und der Universen entwickeln sich dort. Das Ain Sof kann im Hebräischen auch als Nichts (oder als Zahl „0“) verstanden werden.

Die obige Abbildung stellt den Baum des Lebens mit den zehn Sefiroţ dar. Die bildliche Darstellung der Sefiroţ geschah in den verschiedensten Weisen. In Gestalt eines Baumes mit weit sich ausbreitenden Ästen und Zweigen, oder einer Leiter mit immer höher steigenden Sprossen, oder einer Stadtmauer mit vielen Eingangstoren, oder eines Rundtempels, welcher auf Säulen ruhte, oder eines Meeres, in welches ein Fluss mündete, der aus vielen Bächen das Himmelswasser in sich aufgenommen hatte, oder vieler konzentrischer Kreise, die immer mehr dem Mittelpunkte sich näherten, oder eines Menschen mit seinen mannigfachen Gliedern und Organen u.a.m.

Von der ersten Sefira *Keţer* (hebr. „Krone“) strahlen alle übrigen Kräfte aus. Dadurch war auch schon gleichzeitig die zweite Sefira *Ĥokma* (hebr. „Weisheit“) aus ihr herausgetreten, die nun mit der dritten Sefira *Bina* (hebr. „Verständnis“), das dreieinige Wesen Gottes darstellt. Meist wird dieser Entstehungsprozess als gleichseitiges Dreieck dargestellt. Die drei ersten Sefiroţ sind zu einer höheren Einheit zusammengefasst. Dabei geht es aber nicht um *Trinität* im christlichen Sinne. Die Wahrnehmung ist hier eine ganz andere. Im modernen Sprachgebrauch würde man von einem *Bauherren* (Keţer), *Architekten* (Ĥokma) und *Bauunternehmer* (Bina) sprechen.

Der Kraftwirkung der Krone (Keţer) und gleichermaßen der Dreiheit (Keţer, Ĥokma und Bina) sinkt senkrecht durch die Zentralkraft der Sefira *Tifereţ* (hebr. „Schönheit“) zur Grundkraft der Sefira *Jesod* (hebr. „Fundament“) und weiter zur Vollendungskraft der zehnten Sefira *Malkuţ* herab.

Das Königreich (Malkuţ) ist ebenfalls außerhalb des Baums des Lebens zu verstehen, gleichsam zu Füssen der Gesamtheit. Der letzten Sefira wird der Gottesname „ADoNaI“ zugeteilt.

Zur Hervorbringung der sichtbaren Welt (Malkuţ) bediente sich die erhabene Dreiheit (Keţer, Ĥokma und Bina) der sechs niederen Kräfte (Ĥesed, Gebura, Tifereţ, Netaĥ, Hod und Jesod) und wirkt durch sie fortdauernd zur Erhaltung derselben und hat daher in der letzten Sefira (Malkuţ) ihren dauernden Aufenthalt, Ruheplatz und ihre Wohnung. Von hier offenbart sich die ganze „Majestät Gottes“, die Şekina, in konzentrierter Lichtkraft den Menschen. Die Offenbarungskraft der Weisheit gelangt durch die Zentralkraft der Schönheit und der fundamentalen Grundkraft zum Menschen und ermöglicht ihm einen Blick auf Gottes kosmischen Plan zu erhaschen. Dieser Blick ist mit der offenbarten Hoffnung verbunden, selbst in die höheren Gefilde der erhabenen Dreiheit zurückkehren zu können. Ein schöner Gedanke …

Ein köstlicher Obstgarten (פרדס)

Kehren wir kurz zu den Anfängen der Ţora zurück. Bis zu der Niederschrift der Ţora wurden Legenden, Geschichten, Gesetze, Traditionen usw. mündlich von Generation zu Generation weitergegeben. Moses hat also seine fünf Bücher so angelegt, dass in ihnen alles, was dem Menschen auf den Weg zurück zum Paradiesischen Urzustand und dadurch zu Gott enthalten ist!

Die Ţora hat eine offensichtliche (geschichtliche) Lage (פשט), die Peşat genannt wird. Sie hat eine hinweisende (רמז) Lage, die Remez genannt wird. Sie hat eine deutende (דרש), die Drasch und eine geheime Lage (סוד), die Sod genannt werden. Es ist auch kein Zufall, dass die einzelnen Worte immer aus drei hebräischen Buchstaben bestehen. Es ist ein Verweis auf die 12 Stämme (4 x 3) Israels. Die Anfangsbuchstaben der vier hebräischen Worte Geschichte, Hinweis, Deutung und Geheimnis ergeben das Wort *pardes*.

Durch dieses Wortspiel wird erneut auf die Hauptaufgabe der Ţora und zwangsläufig der Qabala gedeutet, nämlich auf die Wiederherstellung eines ursprünglichen heilen Zustands der Welt (auch Tiqun genannt).

Mit *pardes* wird im Hebräischen auch der Garten Eden, also das Paradies bezeichnet. In den Talmud-Akademien – auch heute noch – wird gelehrt, dass die Ţora wie ein wunderschöner Obstgarten ist.

Aus der Entfernung sieht man nur ein Stück Land mit Bäumen. Wenn man näher kommt, sieht man, dass jeder Baum Blätter, Blüten und Früchte trägt. Wenn man noch näher kommt, stellt man fest, dass jede Frucht mit einer Haut bedeckt ist. Und, wenn man nicht locker lässt und die Haut abstreift, ist ein köstlicher Geschmack unser Lohn. Etwas, das zunächst nur ein Stück Land voll mit Bäumen zu sein schien, entpuppt sich Schicht für Schicht als etwas, das köstliche Dinge in sich birgt. (Buch der Wunder)

Das hebräische Wort für Obstgarten ist *pardes*. Man schreibt es mit den hebräischen Buchstaben פ (Pe ausgesprochen), ר (Reş ausgesprochen), ד (Daleţ ausgesprochen) und ס (Sameķ ausgesprochen). Jeder dieser Buchstaben steht für eine der vier oben genannten Schichten oder Lagen oder Bedeutungen der Ţora.

Der Buchstabe P steht für „peşat"

Die erste Lage ist der Buchstabe Pe (פ), der Anfangsbuchstabe des hebräischen Wortes „PeŞaT". Dieses Wort bedeutet die **Geschichte** an sich, die man erfährt, wenn man nur oberflächlich die Ţora liest, ohne tiefer über das Gelesene nachzudenken. Ein Beispiel für die Geschichte an sich ist, wenn man liest:

Und Gott der Herr ließ aufwachsen aus der Erde allerlei Bäume, lustig anzusehen und gut zu essen, und den Baum des Lebens mitten im Garten und den Baum der Erkenntnis des Guten und Bösen. [87]

Der Buchstabe R steht für „remez"

Der Buchstabe Reş (ר) ist der Anfangsbuchstabe des Wortes „ReMeZ", dieses Wort bedeutet **Hinweis.** Wenn man über eine Geschichte oder ein Wort in der Ţora nachdenkt, führt dies in der Regel dazu, dass man über andere, weitere Worte oder Geschichten nachdenkt. Wenn man nachforscht, was ein Wort bedeutet, wird man feststellen, dass man es mit anderen Worten und sogar mit Geschichten in Verbindung bringen kann.

Und das Weib schaute an, daß von dem Baum [der Erkenntnis des Guten und Bösen] gut zu essen wäre und daß er lieblich anzusehen und ein lustiger Baum wäre, weil er klug machte; und sie nahm von der Frucht und aß und gab ihrem Mann auch davon, und er aß. Da wurden ihrer beiden Augen aufgetan, und sie wurden gewahr, daß sie nackt waren, und flochten Feigenblätter zusammen und machten sich Schürze. Und sie hörten die Stimme Gottes des Herrn, der im Garten ging, da der Tag kühl geworden war. Und Adam versteckte sich mit seinem Weibe vor dem Angesicht Gottes des Herrn unter die Bäume im Garten. [88]

Wenn man sich nun fragt, ob man selbst schon einmal etwas getan, wofür man sich geschämt hat und weshalb man es zu verstecken versucht hat, so ist dies die zweite Schicht oder Lage der Ţora. Adams Geschichte enthält also Hinweise auf Dinge in unserem eigenen Leben.

Der Buchstabe D steht für „dereş"

Der Buchstabe Daleţ (ד) ist der erste Buchstabe des Wortes „DeReŞ", das bedeutet **Deutung**. Einige der Lehren aus den Geschichten der Ţora können etwas über das Leben an sich und über unser eigenes Leben lehren.
Wie zum Beispiel, was geschehen wäre, wenn der Mensch erst vom Baum des Lebens und dann vom Baum der Erkenntnis gegessen hätte? Warum hat die Schlange den Menschen zum Baum der Erkenntnis und nicht zum Baum des Lebens geführt? Oder wenn man liest:

Und Gott der Herr sprach: „Siehe, Adam ist geworden wie unsereiner und weiß, was gut und böse ist. Nun aber, daß er nicht ausstrecke seine Hand und breche auch von dem Baum des Lebens und esse und lebe ewiglich!" Da wies ihn Gott der Herr aus dem Garten Eden,

---

[87] Zitat aus der Luther-Bibel: 1. Buch Moses 2,9
[88] Zitat aus der Luther-Bibel: 1. Buch Moses 3,6-8

daß er das Feld baute, davon er genommen ist, und trieb Adam aus und lagerte vor den Garten Eden die Cherubim mit dem bloßen, hauenden Schwert, zu bewahren den Weg zu dem Baum des Lebens. [89]

Wir wurden also nicht aus dem Paradies verbannt, weil wir vom Baum der Erkenntnis des Guten und Bösen gegessen haben, sondern, weil wir nicht noch vom Baum des Lebens essen sollten. Es verhält sich so, wie wenn Eltern einem Kind verbieten etwas zu tun, aber das Kind nicht versteht, warum es das von den Eltern Verbotene nicht tun soll. Die Eltern haben aufgrund ihrer Weitsicht dieses Verbot aufgestellt, doch das Kind hat diese Weitsicht nicht. Oder wenn wir voreilig urteilen und nicht über den wahren Grund einer Handlung nachdenken, weil uns eine Weitsicht oder Gesamtübersicht fehlt.

Der Buchstabe S steht für „sod"

Der vierte Buchstabe in dem Wort *pardes*, der Buchstabe Sameķ (ס), ist der Anfangsbuchstabe des Wortes „Sod", was **Geheimnis** bedeutet. Diese Schicht der Ţora ist *geheim*, nicht weil sie nicht erzählt werden darf, sondern weil ihr Sinn, selbst wenn er entdeckt wird, geheimnisvoll bleibt. Wenn man zum Beispiel liest:

Aber warum wurde der Baum des Lebens ins Paradies gesetzt? Weil geschrieben steht: „Und Gott sprach: „Lasst uns Menschen machen, ein Bild, das uns gleich sei (כדמות־נו), die da herrschen über die Fische im Meer und über die Vögel unter dem Himmel und über das Vieh und über die ganze Erde und über alles Gewürm, das auf Erden kriecht." (1. Buch Moses 1,26) Der Teilsatz „das uns gleich sei" ist im Hebräischen ein Wort nämlich „Chädamoth-nu" (כדמות־נו) und in diesem Teilsatz bzw. Wort ist die Antwort enthalten. Im Wort Chädamoth ist der Tod enthalten, nämlich auf Hebräisch „Moth" (מות)! Denn lies nicht Chädamoth-nu, sondern Kad-Moth-nu, was da heißt „Gefäß unseres Todes" (כד־מות־נו)! Der Tod war im Abbild Gottes – dem Menschen – bereits enthalten, aber Gott hielt den Tod fern vom Menschen, […] [90]

Alle vier Buchstaben zusammengenommen Pe, Reş, Daleţ und Sameķ bzw. die Worte Geschichte, Hinweis, Deutung und Geheimnis ergeben das Wort **P**a**RD**e**S**, was Obstgarten bedeutet. Die Ţora ist wie ein Obstgarten. Sie birgt viele wundervolle und köstliche Überraschungen. Indem sie uns anbietet, wie wir leben sollen, bietet uns die Ţora einen Weg an. Wie es im Buch der Sprüche steht:

---

89 Zitat aus der Luther-Bibel: 1. Buch Moses 3,22-24

90 Leъ Kaspi I – X (G. Grippo): Leъ Kaspi I,7

Sie ist ein Lebensbaum für die, die an ihr festhalten. [91]

Abraham lebte - laut Bibelangaben - im 21. Jahrhundert (v.u.Z.) und Moses trat ca. 500 Jahre später auf die Bühne der jüdischen Geschichtsschreibung. Im Laufe dieser 500 Jahre waren die Israeliten Nomaden und ihre Legenden, Geschichten, Gesetze, Traditionen usw. wurden mündlich von Generation zu Generation weitergegeben. Als im 15. Jahrhundert (v.u.Z.) Moses das Volk Israel aus der ägyptischen Knechtschaft befreite, „stopfte“ er alles in diese fünf Bücher. Das Verb „stopfte“ ist etwas salopp, aber auf den ersten Blick kann man es nicht anders ausdrücken. Er „stopfte“ die Legenden, Geschichten, Gesetze, Traditionen, die mündlich von Generation zu Generation über Jahrhunderte weitergegeben wurden, in nur fünf Bücher. In fünf Büchern mit genau 304.805 Buchstaben. Kein Buchstabe mehr und kein Buchstabe weniger! Mit folgenden Worten kann die Ţora am Besten beschrieben werden: *Perfektion ist nicht nur dann erreicht, wenn man nichts mehr hinzufügen kann, sondern auch dann, wenn man nichts mehr weglassen kann.* Dieses Zitat stammt von Antoine de Saint-Exupéry dem Autor des weltbekannten Buches *Der kleine Prinz*.

Beispiel einer Lebenshaltung

Als Abschluss der (ersten) hier vorliegenden Säule (Band) soll eine grundlegende Lebenshaltung der Qabalisten, als deren bestes Vorbild Ĥenoķ gilt, anhand eines kleinen Beispiels erläutert werden.
Für einen Qabalisten gibt es das BÖSE nicht, sondern er erfasst die Welt durch Licht. Wir alle sind Lichtmenschen.[92] Wie Qabalisten darauf kommen, ist schnell erklärt. In der Bibel steht folgende Handlung Gottes, auf die diese Lebenshaltung zurückgeht:

Und Gott sprach: „Es werde Licht!“ und es ward Licht. Und Gott sah, daß das Licht gut war. Da schied Gott das Licht von der Finsternis und nannte das Licht Tag und die Finsternis Nacht. Da ward aus Abend und Morgen der erste Tag. [93]

Der Vers besagt „Und Gott sah, daß das Licht gut war.“ Bezeichnen wir dieses Licht, das Gott als gut befunden hat, als Licht *A*. Dann geht es weiter mit folgendem Vers: „Da schied Gott das Licht A von der Finsternis und nannte das Licht Tag (יום) und die Finsternis Nacht (לילה).“ Nennen wir das Licht, das Gott von der Finsternis trennte und Tag nannte, einfach Licht *B*. Wir sehen einen Unterschied. Das Licht A hat Gott gemacht und sofort für gut

[91] Zitat aus der Luther-Bibel: Sprüche 3,18
[92] Zitat aus dem Thomas-Evangelium: Logion 24
[93] Zitat aus der Luther-Bibel: 1. Buch Moses 1,3-5

befunden. Dies wird durch folgenden unterstützenden Vers bestätigt: „Er ist ein Fels. Seine Werke sind unsträflich; denn alles, was er tut, das ist recht. Treu ist Gott und kein Böses an ihm; gerecht und fromm ist er.“ [94]

Anzumerken sei noch, dass bereits von *Tag* und *Nacht* die Rede ist, obwohl erst am vierten Schöpfungstag *Tag und Nacht, Zeiten, Tage und Jahre* eingeführt werden. Man kann daraus ableiten, dass es sich nicht um Tag und Nacht im herkömmlichen Sinne handeln kann.

Das Resümee lautet, dass Gott das Licht *A* erschuf und dieses dann in Finsternis und Licht (*B*) trennte. Für Qabalisten bedeutet dies nun, dass die Finsternis, die Teil des guten Lichts *A* war, nicht böse sein kann, sondern nur ein Fehlen von Licht. Im praktischen Leben bedeutet dies, dass ein Qabalist bei jedem Menschen, den er in seinem Leben trifft, von einer Lichtgestalt ausgeht. Einer Lichtgestalt, die auf den ersten Blick von dem Licht *B* durchströmt ist. Dies fordert also von einem Schüler der Qabala, dass er ohne Vorurteile auf einen Menschen zugeht. Er setzt 99,99 % Licht voraus.

Die Qabala wird mit der Zeit einem Schüler zeigen, wie man auf Anhieb die *Prozent-* oder *Watt-Zahl* eines Menschen erkennt. Die Qabala soll einen Schüler zu einem aufmerksamen Betrachter der Dinge machen. Schon beim ersten Sehen oder beim ersten Berühren zeigt sich das Innere eines Menschen. Aus dieser Haltung heraus entstand die Lehre der Physiognomik, die das Gesicht und die Gesichtzüge eines Menschen einem Charakter zuordnen kann. Eine qabalistische Erfindung.

Die zurzeit immer populärer werdende qabalistische Lebensanalyse, d.h. die Analyse durch die Quersumme des Geburtstages, der Geburtsstunde und des Namens ist zwar eine nette Freizeitbeschäftigung, aber sie ist heute einfach nur ein kommerzielles Anliegen und hat keinen wirklichen Bezug mehr zur Qabala. Es macht es auch nicht besser, wenn sich Pop-Stars oder Prominente damit brüsten, eine Richtung der Qabala zu praktizieren.

[94] Zitat aus der Luther-Bibel: 5. Buch Moses 32,4

Zusammenfassung zur Säule Alef

Liebe Leser,

mit dieser Arbeit wollte ich Ihnen verdeutlichen, was die Qabala ist. Manche von Ihnen haben vielleicht dieses Wort schon einmal gelesen und andere konnten womöglich damit nichts anfangen. Mein Augenmerk habe ich in diesem ersten Band auf die Geschichte der Qabala und auf die praktische Qabala gelegt.

Für die hier beabsichtigte chronologische Abfolge ist es sicherlich hilfreich für Sie, die einzelnen Referenten, die beschrieben wurden, kurz noch einmal zu erwähnen. Die abgeleiteten Lebensdaten ergeben sich wie folgt aus der Bibel:

Als erster Referent zur Qabala nach Adam (4026-3096 v.u.Z.), dem ersten Menschen und Propheten, ist Ĥenoķ zu benennen. Er ist der siebte Erzvater der Menschheit und gilt als das größte Vorbild der Qabalisten. Ĥenoķ war ein Bale Ha-Qabala (Meister der Qabala) und wandelte mit Gott und brauchte den Tod nicht sehen und kam ins Paradies zurück. Er wurde im Jahr 3404 im Land der Flüchtlingschaft (Kanaan) geboren.

Nach Ĥenoķ und Noaĥ tritt Abraham (2018-1843 v.u.Z.) in den geschichtlichen Ablauf ein. Der legendäre Ursprung der traditionellen Qabala und das Buch der Schöpfung (siehe zweites Buch dieser Reihe) werden ihm zugesprochen. Die ältesten Überlieferungen sollen von Abraham selbst herstammen. Er habe in seinen Zwiegesprächen mit Gott viele Geheimnisse erfahren, die dann in die Fünf Bücher Moses Eingang fanden. Moses, der Verfasser der Ţora, ist dann der nächste Referent. Er wurde 1593 v.u.Z. geboren und 1473 v.u.Z. verstarb er.

Die Aufgabe der Kabbalah und in Folge dessen der Lew Kaspi Lehrart ist die Bewahrung des Paradieses (Garten Eden) in einem selbst. Die Aufgabe der Kabbalah ist es, den ursprünglichen paradiesischen Urzustand erst in einem selbst und dann durch das Verhalten eines Kabbalisten in der Welt wiederherzustellen. Dieses Bewahren erfolgt unter anderem durch die Befolgung der Worte Gottes bzw. der Zehn Worte. Die drei Hauptaufgaben sind sinnbildlich als die drei Säulen (ש, מ, א) zu verstehen, die diesen drei Büchern ihre äußere Form geben.

Drei Mütter A (א), M (מ) und Ş (ש), dies ist ein großes, verborgenes und verhülltes und prächtiges Geheimnis, versiegelt mit sechs Siegelringen und aus diesen kamen Luft, Wasser und Feuer hervor. Von ihnen wurden Väter geboren und von den Vätern Generationen. [95]

Der Weg der Qabala ist ein liebevoller Weg. Ihr Weg ist ein Weg der Liebe und es ist ein demütiger und ein barmherziger Weg … also ein zu praktizierender Weg. Denn spricht nicht das Judentum von Jawes Liebe seinem auserwähltem Volke gegenüber oder das Christentum von der Liebe zu seinem Nächsten oder der Islam vom liebenden Dienst an Gott (Allah)? An erster Stelle steht die Liebe, die Liebe zu etwas Höherem, die Liebe zu den Menschen und die Liebe zu sich selbst. Wer sich selbst nicht liebt, kann andere Menschen auch nicht lieben; wer aber andere Menschen liebt, der liebt auch die Welt und auch Gott. Diese Liebe wird sich bewähren.

Rabbi Chija, Abbas Sohn, sagte, Rabbi Jochanan habe gesagt: Sogar um eines einzigen Bewährten willen wurde die Welt erhalten, denn es heißt [96]*: Ein Bewährter ist das Fundament der Welt.* [97]

Ich erhoffe mir, Ihnen folgende Punkte durch dieses erste Buch meiner Qabala-Trilogie näher gebracht zu haben, nämlich dass

- die Qabala eine mystische Tradition des Judentums ist,
- die Qabala eine innere Einstellung – eine Lebenshaltung ist,
- die Qabala dem Ideal folgt *nach dem Bilde Gottes* sein zu wollen,
- die Qabala das personifizierte BÖSE nicht anerkennt,
- die Qabala eine vorurteilsfreie Wahrnehmung fordert,
- die Qabala einen Paradiesischen Urzustand zu erreichen sucht,
- die Qabala das Herz der Menschen ansprechen möchte …

---

[95] Sepher Jesirah – Goldschmidt: 3. Abschnitt, 2. Absatz

[96] Zitat aus der Luther-Bibel: Sprüche 10,25

[97] Zitat aus dem Babylonischen Talmud: Joma 38 b – 80

www.grippo-verlag.de

Zeittabelle – Name / Beschreibung / Zeitrahmen

Name	Beschreibung	Zeitrahmen
Adam	Der erste Mensch	4026-3096 v.u.Z
Ĥenoķ	7. Stammvater der Menschheit	3404-3039 v.u.Z.
Gilgamesch-Epos	Schöpfungsmythos	3. Jahrtausend v.u.Z.
Sintflut Noahs	biblische Naturkatastrophe	2. Jahrtausend v.u.Z.
Abraham	Stammvater der Juden	2018-1843 v.u.Z.
Moses	ägyptischer Adoptivsohn	1593-1473 v.u.Z.
Ţora	Periode der Niederschrift	16.-15. Jhdt. v.u.Z.
Quelle J	Vierquellenmodell Wellhausen	850 v.u.Z.
Quelle E	Vierquellenmodell Wellhausen	750 v.u.Z.
Ješaja	Niederschrift Prophezeiungen	732 n.u.Z.
zwei Richtungen	jawistische und elohimsche	7. Jahrhundert v.u.Z.
Quelle D	Vierquellenmodell Wellhausen	621 v.u.Z.
Renovierung	aufgefundenes Gesetzbuch	612 v.u.Z.
Eķzeqiel	Niederschrift Prophezeiungen	613-591 v.u.Z.
Talmud Bavli	Entstehungszeit	6.-5. Jhdt. v.u.Z.
Quelle P	Vierquellenmodell Wellhausen	444 v.u.Z.
Zerstörung	durch Nebukadnezar II.	586 v.u.Z.
Ĥenoķ-Bücher	drei apokryphe Bücher	170 v.u.Z.
Zerstörung	durch die Römer	70. n.u.Z.
Maše Merkaba	Kunde des Thronwagens	1. Jahrhundert n.u.Z.
Maše Bereşiţ	Kunde der Anfangsdinge	1. Jahrhundert n.u.Z.
Masoreten	Gruppe auserwählter Rabbiner	1. Jahrhundert n.u.Z.
Jochanan Sakkai	Rabbi neben A. ben Josef	40-80 n.u.Z.
Akiba ben Josef	Rabbi neben J. ben Sakkai	40-135 n.u.Z.
Plutarch	griechischer Philosoph	45-125 n.u.Z.
Sefer Jetira	Buchstabenspekulationen	2.-6. Jhdt. n.u.Z.
Talmud Bavli	Niederschrift und Endfassung	5. Jahrhundert n.u.Z.
Masora	Textkritische Anmerkungen	6. Jahrhundert n.u.Z.
Qabala (Spanien)	selbstständige Strömung	9.-13. Jhdt. n.u.Z.
Buch Bahir	Seelenwanderung, Şekina	1176 n.u.Z.
Moshe de Leon	Herausgeber des Zohars	1250-1305 n.u.Z.
Das Buch Zohar	Das Heilige Buch der Qabala	1280 n.u.Z.
Blaise Pascal	französischer Philosoph	1623-1662 n.u.Z.
Jakob Lorber	Prophet (Hanochiten-Erben)	1800-1864 n.u.Z.
Moses Hess	Vater der zionist. Bewegung	1812-1875 n.u.Z.
Theorie Miliks	Verdrängung der Giganten	1976 n.u.Z.
Adin Steinsaltz	Vorsitzender des Hohen Rates	6. Juni 2005

Literaturverzeichnis – Primärliteratur

1. Der Talmud – Ausgewählt, übersetzt und erklärt von Reinhold Mayer – Orbis Verlag - München 1999 **[ISBN 978-3-572-00986-2]**
2. Die Bibel nach der Übersetzung Martin Luthers mit Apokryphen, Deutsche Bibelgesellschaft - Stuttgart 1999. **[ISBN 978-3-438-01521-1]**
3. Der Jerusalemer Talmud, übersetzt, kommentiert und eingeleitet von Hans-Jürgen Becker, Philipp Reclam jun. - Stuttgart 1995. **[ISBN 978-3-150-01733-3]**
4. Blaise Pascal, Gedanken – Über die Religion und einige andere Themen, Jean Armogathe, Philipp Reclam jun. - Stuttgart 1997. **[ISBN 978-3-150-01622-0]**
5. Kommentar zum Neuen Testament aus Talmud und Midrasch, Herrmann L. Strack und Paul Billerbeck, C.H. Beck Verlag – München 17.11.1983. **[ISBN 978-3-406-02725-3]**
6. Al-Qur´an – übersetzt von Abur Rida Muhammad Ibn Ahmad Ibn Rassoul, 23. erweiterte und verbessere Auflage nach der neuen Rechtschreibung, IB Verlag - Gemeinnützige GmbH, Köln 2000. **[ISBN 978-3-93239-914-5]**
7. Das Buch Bahir: Ein Schriftdenkmal aus der Frühzeit der Kabbala auf Grund der kritischen Neuausgabe von Gerhard Scholem, Reprografie Nachdruck der 1. Auflage, Leipzig 1923, 4. Auflage, Wissenschaftliche Buchgesellschaft, Darmstadt 1989. **[ISBN 3-534-05049-5]**
8. Wunder der Kabbalah – okkulte Praxis der Kabbalisten von Erich Bischoff, Dieter Rüggeberg Verlagsbuchhandlung, Wuppertal 1999. **[ISBN 978-3-921-33828-5]**
9. „Des verbesserten Konstitutionenbuchs der alten ehrwürdigen Brüderschaft der Freimaurer – zweiter Theil – Verordnungen, Gesetze, Pflichten, Satzungen und Gebräuche nebst historischer Nachricht von dem Ursprung des Ordens“ aus den Wellmundischen Urkunden gesammelt von dem Bruder Kleinschmidt f.d.A.C.Z.F. – **Frankfurt am Main in der Andreäischen Buchhandlung 1784.**
10. Buch der Wunder - Jüdische Spiritualität für junge Leute, Lawrence Kushner, Jüdische Verlagsanstalt Berlin, 1. Auflage Oktober 2003. **[ISBN 978-3-934658-47-9]**
11. Die Kabbala - Eine kleine Einführung von Joseph Dan, Philipp Reclam jun. - Stuttgart 2007. **[ISBN 978-3-15-018451-6]**

Literaturverzeichnis – Sekundärliteratur

1. Der Talmud – in seinen haggadischen Bestandteilen von August Wünsche – Voltmedia GmbH, Paderborn 2005.
   [ISBN 978-3-93722-978-2]
2. The books of Enoch (Aramaic Fragments), J.T. Milik, 1976
3. Das Buch der Engel - Das Henoch´sche System, Giovanni Grippo, Frank Jaspers Verlag, 1. Auflage, Bawinkel 11.02.2005
   [ISBN 978-3-938-09012-1]
4. Was wirklich in der Bibel steht, Manfred Barthel, Ullstein Taschenbuch Verlag, 2. Auflage, Düsseldorf 2001
   [ISBN 978-3-54836-684-5]
5. Biblia Hebraica Stuttgartensia, Karl Elliger, Wilhelm Rudolph und Adrian Schenker, Deutsche Bibelgesellschaft, Stuttgart 1997
   [ISBN 978-3-438-05222-3]
6. Lexikon der Numerologie und Zahlenmystik, Helmut Werner, KOMET MA-Service Verlagsgesellschaft mbH, Frechen 2001
   [ISBN 978-3-898-36132-3]
7. Der Sohar - Das heilige Buch der Kabbala, Aus dem hebräischen übertragen und herausgegeben von Ernst Müller, Diederichs Gelbe Reihe, München 2005
   [ISBN 978-3-72052-643-2]
8. Das Buch der Wächter - Der Henoch´sche Orden, Giovanni Grippo, Frank Jaspers Verlag, 1. Aufl. – September 2004
   [ISBN 978-3-938-09008-4]
9. Einsichten über die Heilige Schrift – Band 1: A-J / Band 2: K-Z, Wachtturm-Gesellschaft, Selters/Taunus 1990
10. Die Kabbala, Werner Helmut, KOMET Verlag GmbH, Köln 2001
    [ISBN 978-3-898-36165-1]
11. Universallexikon- Empfohlen von wissen.de, Mohn Media - Mohndruck GmbH, Gütersloh 2003
    [Buch-Nr. 006395]
12. Gematria, Buchstabenberechnung, Tora und Schöpfung im rabbinischen Judentum von Richard Weißkopf, Tübingen 1975
13. Religion in der Geschichte der Menschheit, Karl-Heinz Ohlig, Wissenschaftliche Buchgesellschaft, Darmstadt 2002, 2. Auflage
    [ISBN 978-3-534-15212-4]
14. Keine Posaunen vor Jericho - Die archäologische Wahrheit über die Bibel, Israel Finkelstein und Neil A. Silberman, Deutscher Taschenbuchverlag, München 2004
    [ISBN 978-3-423-34151-6]

15. Religionsgeschichte Israels. Rainer Albertz. Vandenhoeck&Ruprecht, Göttingen 1992. **[ISBN 3-525-51676-2]**
16. Ein Gott allein? JHWH-Verehrung und biblischer Monotheismus im Kontext der israelitischen und altorientalischen Religionsgeschichte. Walter Dietrich, Martin A. Klopfenstein (Hrsg.). Universitätsverlag, Schweiz 1994. **[ISBN 3-525-53774-3]**
17. Jahwe – ein patriarchaler Gott? Traditionelles Gottesbild und feministische Theologie. Erhard S. Gerstenberger. Kohlhammer, Stuttgart-Berlin-Köln 1988. **[ISBN 3-17-009947-7]**
18. Theologien im Alten Testament. Pluralität und Synkretismus alttestamentlichen Gottesglaubens Kohlhammer. Erhard S. Gerstenberger. Stuttgart 2001. **[ISBN 3-17-015974-7]**
19. Biblische Theologie des Alten Testaments. Antonius H. J. Gunneweg. Kohlhammer, Stuttgart-Berlin-Köln 1993. **[ISBN 3-17-012199-5]**
20. Grundriss der alttestamentlichen Theologie. Walter Zimmerli. Kohlhammer, Stuttgart-Berlin-Köln 1985 (5. Aufl.). **[ISBN 3-17-008956-0]**
21. Theologie des AT. Bd 1. Grundlegung. Otto Kaiser. Vandenhoeck & Ruprecht, Göttingen 1993. **[ISBN 3-8252-1747-7]**
22. Alttestamentlicher Glaube in seiner Geschichte. Werner H. Schmidt. Neukirchener Verlag 1982 (4. Aufl.). **[ISBN 3-7887-0655-4]**

Das Buch der Wächter – Der Henochische Orden

von Giovanni Grippo

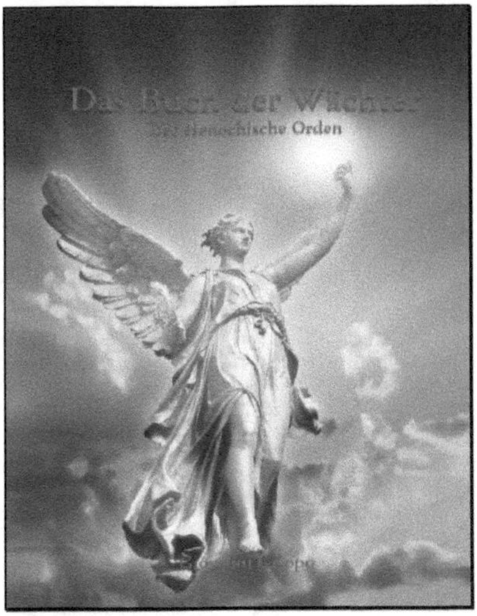

Es gibt noch viele Geheimnisse und Rätsel in der Geschichte der Menschheit. Schon unsere Vorfahren aus den vorhergehenden Jahrhunderten haben sich gewundert, wie angeblich primitive Volker der Antike gewaltige Bauwerke errichten konnten, wie die Pyramiden, Tempel oder die gotischen Kathedralen. Bauwerke, die uns heute technisch einiges abverlangen wurden, wenn wir sie nachbauen wollten. In diesem Buch wird versucht von Beginn der antiken Baukunst bis ins 18. Jahrhundert eine nahtlose Verbindung zu finden.
Wenn die gesamten Bauwerke der genannten Zeitspanne betrachtet werden, so finden sich weder im Aussehen noch in den einzelnen Aufgaben der Bauwerke irgendwelche Gemeinsamkeiten. Doch schaut man die Bauwerke genauer an, so gibt es doch mindestens eine Gemeinsamkeit. Es ist der Goldene Schnitt - die Zahl phi (ϕ = 1,61803399). Die Baumeister der Antike haben ihn als universales Verhältnis ihrer Bauwerke benutzt.

ISBN 978-3942187008
Softcover, Preis 24.90 Euro
417 Seiten, 100 schw.-w. Abbildungen, 21 schw.-w. Tabellen
3. Auflage 21.03.2011

Die Kabbalah – Die Schöpfung neuer Sichtweisen (Band II)

von Giovanni Grippo

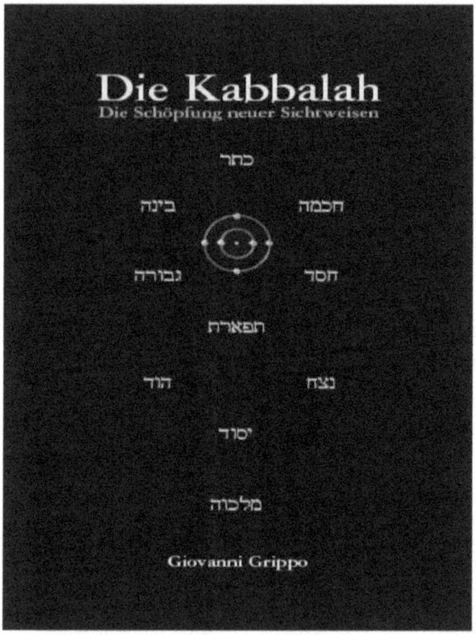

In zweiunddreißig verborgenen Bahnen der Weisheit zeichnete Jah Jahwe Zabaoth, der Gott Israels, der lebendige Gott und König der Welt, der allmächtige, barmherzige und gnädige Gott; hoch und erhaben ist er und ewig wohnend in der Höhe, heilig ist sein Name, erhaben und heilig ist er; er schuf seine Welt durch drei Zählprinzipien: Zahl, Zähler und Gezähltes.

Das Buch ist wahrscheinlich vor dem 6. Jahrhundert n.u.Z. entstanden. Aufgrund sprachlicher Besonderheiten und thematischer Nähe zu anderen geistigen Strömungen ist die Niederschrift (wahrscheinlich) zwischen dem 2. und 6. Jahrhundert (n.u.Z.) erfolgt. Mehrere Überarbeitungsschichten des Textes sind zu beobachten. Der erste Druck wurde aber erst 1552 in Paris gefertigt. Es liegen heute verschiedene Versionen vor, die teilweise auch Kommentare umfassen.

ISBN 978-3-9810622-1-2
Gebunden, Preis 11.95 Euro
72 Seiten, 10 schw.-w. Abbildungen, 6 schw.-w. Tabellen
2. Band von 3 Bänden - 1. Auflage - 01.08.2007

Die Kabbalah – Die Vereinigung vieler Philosophien (Band III)

von Giovanni Grippo

Das Verwirrende an der Kabbalah ist es, dass sie keine feste Lehre mit einem starren Gerüst ist. Jeder neue Gedanke bereichert ihre Tradition. Jeder neue Schüler ist eine neue Welt, die gerne von der universellen Lehre empfangen wird. Wenn man sich entscheidet Kabbalist zu werden, so wird man ein theoretischer, meditativer oder praktischer. In diesem Buch wird detaillierter die Seele des Menschen besprochen.
Im diesem Buch wird der fünfte und höchste Zustand der Seele erörtert. Er ist so selten und heilig, dass man deshalb meistens nur von den vier Zuständen der Seele spricht. Jene Kabbalisten erfahren ihn, die durch ihre Arbeit an sich selbst Gott schauen durften. Der fünfte Zustand ist die endgültige Vereinigung. Im Buddhismus wird dieser Schritt Nirwana genannt. In der christlichen Mystik spricht man von der unio mystica.

ISBN 978-3-9810622-2-9
Gebunden, Preis 13.95 Euro
72 Seiten, 9 schw.-w. Abbildungen, 3 schw.-w. Tabellen
3. Band von 3 Bänden - 1. Auflage - 16.01.2009

Das Buch der Schöpfung – Sepher Jesirah (dt./ hebr.)

von Giovanni Grippo

Auf dem Deutschen Buchmarkt hat das Buch der Schöpfung keine starke Präsenz, obwohl es einen großen Beitrag zum Bibelverständnis und Schöpfungsverständnis bildet. Dies wird sich sicherlich in den nächsten Jahren ändern.

Die meisten Übersetzungen ins Deutsche stammen aus dem 19. Jahrhundert und sind grammatisch fragwürdig. Darin wird Gott und nicht der Mensch als handelndes Prinzip dargestellt. Die grammatische Form ähnelt aber eher dem Imperativ, also der Befehlsform, und zeigt dadurch - aus dem jüdischen Verständnis heraus - dass das Buch der Schöpfung ein meditatives Lehrbuch ist. Im aktuellen Buch wurde die Imperativübersetzung gewählt. Dadurch verändert sich nicht nur der Textinhalt, sondern auch die Aufgabe des Buches der Schöpfung …

ISBN 978-3-9810622-3-6
Gebunden, Preis 11.50 Euro
92 Seiten, 5 schw.-w. Abbildungen, 2 schw.-w. Tabellen
2. Auflage 11.06.2008

Sepher Raziel: Das Buch des Raziel (dt./ hebr.)

von Giovanni Grippo

Es gibt unterschiedliche Versionen des „Buches des Erzengels Raziel" auch „Sepher Raziel" oder „Sepher Raziel Ha-Malach" genannt. Die meisten Exegeten datieren das Buch in das 13. Jahrhundert und in die literarisch-esoterischen Kreise von König Alfonso X. Er wird auch Alfonso der Weise genannt. Das „Sepher Raziel" soll aus Alfonsos Übersetzungsakademie stammen. Es wäre demnach ca. acht Jahrhunderte alt. Der diesem Buch von Giovanni Grippo zugrunde liegende hebräische Text, weist ältere Quellen auf. Es hat eine große Ähnlichkeit mit dem Tora-Text, obwohl nur wenige Zitate aus dem Tanach benutzt werden. Es hat insgesamt sieben Kapitel, so wie alle anderen Versionen des Sepher Raziel Gott beruft durch den Erzengel Raziel Adam auf einen Berg und verpflichtet ihn ein Buch zu schreiben.

ISBN 978-3-9810622-4-3
Softcover, Preis 14.85 Euro
94 Seiten, 33 schw.-w. Abbildungen, 11 schw.-w. Tabellen
2. Auflage - 16.01.2010

Gott, Schöpfung und Mensch -
Judentum, Christentum und Islam

von Giovanni Grippo

Diese Arbeit ist dem Synkretismus verpflichtet. Als Synkretismus wird die Vermischung von religiösen Ideen, Traditionen oder Philosophien zu einem neuen Weltbild verstanden. Es wird davon ausgegangen, dass die drei Abrahamitischen Religionen aus demselben Ursprung schöpfen. Über die Jahrtausende entwickelte sich das Judentum, daraus das Christentum und wiederum aus beiden der Islam.

Die Idee des gemeinsamen Ursprungs findet sich in den drei Religionen selbst. Abraham (18. Jahrhundert v.u.Z.), auf den alle drei Religionen zurückgehen, war Verfasser eines legendären Buches. Dieses Buch verschwand nach seinem Tode und wurde erst im 2. Jahrhundert n.u.Z. wieder entdeckt.

ISBN 978-3-9810622-5-0
Softcover, Preis 16.75 Euro
84 Seiten, 8 schw.-w. Tabellen
1. Band von 28 Bänden - 1. Auflage 20.05.2009

Der Salomonische Tempel (im Wandel von 3000 Jahren)

von Giovanni Grippo

Der Tempel in Jerusalem war das israelitische Nationalheiligtum schlichtweg. Es war eine große Kopie eines „Bauwerks", das ca. vier Jahrhunderte zuvor erbaut wurde. Der Vorläufer des Tempels war die Stiftshütte oder das Stiftszelt. Jenes Zelt, das die Israeliten durch die Wüste Sinai begleitet hat.
Wann der Tempelbau wirklich stattfand, ist umstritten. Doch die biblischen Angaben und die archäologischen Befunde besagen, dass er ab dem Jahr 951 v. Chr. rituell genutzt wurde. Hiram, der König von Tyrus, half mit phönizischen Baumeistern beim Errichten des Tempels. Der Leiter der Baustelle war ein gewisser Adonhiram. Die Legende des Baumeisters Adonhiram wird zu einem zentralen Thema der Freimaurerei. Lange Zeit glaubte man, dass diese Legende eine Erfindung der Freimaurer aus dem 18. Jhdt. war. Man kennt die Rituale des 17. Jhdts. bis heute nicht; sie sind verschollen. Im Jahre 1964 hat der Autor Idries Shah entdeckt, dass die Legende des Baumeisters Adonhiram bereits im 9. Jhdt. n. Chr. existiert hat.

ISBN 978-3-9810622-6-7
Ringbindung, Preis 7.95 Euro
58 Seiten, 10 schw.-w. Abbildungen, 1 schw.-w. Tabellen
1. Auflage 27.07.2009

Einweihung in die Henochische Magie - Die Henochische Matrix

von Adeleir S. Kelcrow

Nach über 420 Jahren nach John Dee und über 100 Jahre nach Aleister Crowley, hat ein Team die Geheimnisse der Henochischen Sprache und Magie sowie des Henochischen Systems entschlüsselt und sie niedergeschrieben. In diesem Buch „Einweihung in die Henochische Magie – Die Henochische Matrix“ finden sich Einzelheiten und Angaben zu den Ritualen, Offenbarungen und Visionen des Neuen Äons: Das Zeitalter des Wassermanns. Aleister Crowley, der 320 Jahre nach John Dee das Henochische System wiederentdeckt hat, lässt im Jahre 1904 verkünden: „Tue was du willst, sei das ganze Gesetz …“ Er hat sich intensiv mit der Henochischen Matrix beschäftigt. Dennoch sind ihm Aussprache, Anwendung und Geheimnis des Henochischen fremd geblieben. In I. Henochischen Schlüssel ist nun endlich nach über 420 Jahren nach John Dee und über 100 Jahre nach Aleister Crowley die Henochische Sprache entschlüsselt worden.

ISBN 978-3-9421870-15
Ringbindung, Preis 12.50 Euro
120 Seiten, 8 schw.-w. Abbildungen, 6 schw.-w. Tabellen
1. Auflage 16.01.2010

Einweihung in die Henochische Magie - Rituale der Macht

von Adeleir S. Kelcrow

Mit dem Henochischen System zu arbeiten, bedeutet in Kontakt mit den Äthyren zu treten. Ein Äthyr ist eine Art Paralleldimension, Zone oder Ebene, die bei Verwendung des Henochischen Systems bereist, betreten bzw. aktiviert werden kann. Äthyre sind Dimensionen, Zonen, Ebenen oder Bereiche, die nicht nur jenseits von Raum und Zeit, sondern auch jenseits der vorbelasteten Symbole, Vorstellungen und Ideen der einzelnen Religionen und Philosophien liegen. Sie sind aber auch zugleich Geistwesen oder Wesenheiten. Mithilfe der Reisen durch die 30 Äthyre soll ein Medium eine Einweihung erlangen. Eine Einweihung kann die Sichtweise auf das eigene Leben verändern. Das Streben nach Erleuchtung ist der erste und die Überwindung des Abyssos´ (Abgrund) der letzte Schritt zur Einweihung.

ISBN 978-3-9421870-91
Ringbindung, Preis 17.50 Euro
124 Seiten, 10 schw.-w. Abbildungen, 8 schw.-w. Tabellen
1. Auflage 22.02.2012

Freimaurerei - Von der Veredelung der Seele

von Giovanni Grippo

Die Symbolik ist eine Bildersprache, deren Aussagen in Bereiche der menschlichen Seele vordringen, zu denen Worte keinen Zugang haben. Worte richten sich vorwiegend an den Verstand.
Freimaurerei vermittelt Inhalte die aus Symbolen der Bauhüttentradition, d. h. aus dem Bauhandwerk des Mittelalters, entlehnt sind. Aus dem einstigen Umfeld einer Baustelle entfernt und zu Werkzeugen des Geistes erhoben, vermochten Freimaurer mit ihrer Hilfe einen einzigartigen Weg zu beschreiten. Unterschiedliche Strömungen des Abendlandes, die das gleiche Ziel vermittelten, bereicherten die Freimaurerei über Jahrhunderte hinweg. So entwickelte sich eine Lehre, die nicht nur aus Respekt sondern auch aus Ehrfurcht es verdient „königliche Kunst“ genannt zu werden.

ISBN 978-3-942187-08-4
Softcover, Preis 10.00 Euro
80 Seiten, 23 schw.-w. Abbildungen
1. Auflage - 10.07.2012

2 000054 947281 00001
www.epubli.com